5

Kon|text DEUTSCH

Informationen
für Lehrerinnen
und Lehrer

Schroedel

Kontext Deutsch 5
Informationen für Lehrerinnen und Lehrer

Herausgegeben und erarbeitet von
Klaus Bert Becker
Heinz W. Giese
Willibert Kempen

ISBN 3-507-**41785**-5

Druck B [5 4 3 2 1] / Jahr 06 05 04 03 2002

Alle Drucke der Serie B sind im Unterricht parallel verwendbar, da bis auf die Behebung von Druckfehlern untereinander unverändert. Die letzte Zahl bezeichnet das Jahr dieses Druckes.

Satz: KCS GmbH, Buchholz/Hamburg
Druck: Oeding Druck und Verlag GmbH, Braunschweig

Inhaltsverzeichnis

Vorwort

Liebe Kolleginnen und Kollegen,

der hier vorliegende Lehrerband soll Ihnen die Arbeit mit KONTEXT DEUTSCH erleichtern, deshalb haben wir jedes Kapitel des Schülerbandes kommentiert, mit sachdienlichen didaktischen und methodischen Hinweisen und schließlich mit weiteren Materialien (z. B. für eine mögliche Klassenarbeit) versehen.
Zur besseren Übersicht hat jedes Kapitel des Lehrerbandes folgenden Aufbau:

- Auf einer Doppelseite finden Sie **Inhalt und Konzeption** des Kapitels und **das Kapitel im Überblick.**
- Auf den folgenden Seiten folgen **methodisch-didaktische Erläuterungen**, die sich an den Kolumnen im Schülerband orientieren. (Mit Kolumnen sind die Angaben zu den Lerninhalten gemeint, die sich am oberen Rand der Seiten des Schülerbandes neben den Seitenzahlen finden. Sie finden sich auch im Inhaltsverzeichnis auf den Seiten 3–10 unter der Rubrik „Lerninhalte".) Die methodisch-didaktischen Hinweise können sich auf das Thema, den Text, den zu erarbeitenden Gegenstand und/oder auf die Aufgabenstellungen beziehen. Lösungen der Aufgaben haben wir allerdings nur dann aufgenommen, wenn uns das sinnvoll und notwendig erschien. Es war dabei unser Bestreben, einerseits Ihre Arbeit durch Hinweise nicht einzuengen, andererseits auf hilfreiche Anmerkungen und auch auf Literaturverweise nicht zu verzichten.
- In den **weiterführenden Anregungen** finden Sie themenorientierte Materialien, die im Schülerband und im Arbeitsheft nicht aufgeführt sind, die der weiteren Vertiefung dienen oder auch für eine Klassenarbeit genutzt werden können.
- Im abschließenden Teil **Üben** finden Sie Hinweise zum Umgang mit den Übungsmaterialien.

Zielsetzung und Konzeption des Unterrichtswerkes

Grundsätzliches

KONTEXT DEUTSCH ist konzipiert als ein kombiniertes Sprach- und Lesebuch für den Deutschunterricht an Gymnasien. Es ist damit ein Unterrichtswerk, in dem die Lese-, Sprach- und Schreibkompetenz der SchülerInnen verknüpft in den Blick genommen und gefördert werden soll. Vor dem Hintergrund des hier skizzierten – und unten weiter ausgeführten – Ansatzes rücken damit auch entscheidende Teilkompetenzen im Fach Deutsch und Schlüsselqualifikationen ins Blickfeld (sprachliche Kompetenz, kulturelle Kompetenz, ästhetische Kompetenz, ethische Kompetenz, methodische Kompetenz), die im vorliegenden Werk ganzheitlich miteinander verbunden werden.

Jeder Band

enthält bis zu zehn **thematische Kapitel**, in denen die in den Richtlinien aufgeführten Aufgabenschwerpunkte, Anforderungen und Unterrichtsvorhaben für die jeweilige Jahrgangsstufe aufgegriffen werden. An die Kapitel schließt sich der umfangreiche Teil **Üben** an, in dem die in den Kapiteln eingeführten Lerninhalte und Arbeitstechniken vertieft, gefestigt und elaboriert werden können. Abgeschlossen wird jeder Band mit dem Teil **Nachschlagen**, in dem die gelernten Fachbegriffe zunächst alphabetisch geordnet definiert und anschließend in systematisch aufgebauten, erläuternden Texten veranschaulicht werden. Es folgen die bibliografischen Angaben.
Zusätzlich wird es zu jedem Band einen **Lehrerband** und zu den Bänden 5–8 ein **Arbeitsheft** geben.

Das Prinzip der Integration

wird für jedes Kapitel zu einem der leitenden Prinzipien der Unterrichtsorganisation. Deshalb sind die meist in den Lehrplänen aus Gründen der Übersichtlichkeit voneinander getrennt dargestellten Lernbereiche in KONTEXT DEUTSCH sachlogisch miteinander verbunden, damit die lebenspraktische Relevanz von Verstehens- und Deutungskompetenz in ihrer ursprünglichen Einheit gesehen werden kann.
Jedes Kapitel verfolgt einen thematischen Schwerpunkt (mit Ausnahme der Kapitel „Rechtschreibung untersuchen" und „Sprache untersuchen"), dem die ausgewählten Texte – häufig aus bewusst unterschiedlichen literarischen Gattungen – zugeordnet sind. Die Zahl der Texte ist zudem so umfangreich, dass für jeden Band ein ausreichender Lesefundus aus traditionellen und modernen Texten vorhanden ist. In diesen thematischen Schwerpunkt, der zunächst einmal durch den Lernbereich „Umgang mit Texten" bestimmt ist, werden in induktiver Weise Lerninhalte aus anderen Lernbereichen integriert.
Wir sprechen deshalb von einer *induktiven Integration*, über die systematisches Wissen vermittelt wird. Dazu ist es notwendig, dass die meisten Kapitel Lerninhalte aus den Lernbereichen „Umgang mit Texten", „Sprechen und Schreiben", „Reflexion über Sprache" und meistens auch aus „Rechtschreibung und Zeichensetzung" enthalten.
Um eine spiralförmige und systematische Lernorganisation zu ermöglichen, sind die Inhalte aus den einzelnen Lernbereichen allerdings schwerpunktmäßig im Sinne der notwendigen Sachlogik den Kapiteln zugeordnet und – falls sinnvoll – in Informations-

feldern zusammengefasst; die anderen Lernbereiche tragen in dienender Funktion zum Lernerfolg bei. Der thematische Schwerpunkt und der Lernbereichsschwerpunkt werden LehrerInnen und SchülerInnen auf jeder Doppelseite des Werkes durch die Kolumne am oberen Seitenrand neben der Seitenzahl transparent.
Die in den einzelnen Kapiteln integrativ eingeführten Aspekte aus dem Bereich *Reflexion über Sprache* werden im letzten Kapitel des jeweiligen Schülerbuches noch einmal systematisch zusammengefasst.
Damit einzelne grammatische Phänomene auch einzeln bearbeitet werden können, ist das Kapitel modular aufgebaut. Gleichzeitig bietet die Gesamtschau – der Überblick über die Sprachreflexion eines Jahrgangs – die Möglichkeit, Zusammenhänge zu sichten und solche reflektiert herzustellen. Dieses Kapitel ist weniger zur Einführung gedacht als zu einer weiteren kontextunabhängigen Vertiefung.

Prinzipien von Rechtschreibung und Zeichensetzung

Die neue Situation infolge der Rechtschreibreform zwingt zu einer Vielzahl von Entscheidungen. Im Allgemeinen folgen wir bei mehreren Möglichkeiten der Hauptform. Bei der Zeichensetzung haben wir uns für die Möglichkeit entschieden, das Komma dort zu setzen, wo es unserer Meinung nach der Lesbarkeit und dem schnelleren Verständnis dient. Da aber die Rechtschreibreform den Lehrenden ohnehin oft die Aufgabe zuweist, den SchülerInnen die Möglichkeit eigener Entscheidung zu vermitteln, glauben wir damit keinen falschen Eingriff in den Prozess des Regelbewusstmachens vorgenommen zu haben. Die Texte von Reiner Kunze, Bertolt Brecht und Siegfried Lenz dürfen nur in alter Rechtschreibung geschrieben werden.
Für den Lehrerband haben wir uns entschieden, Formen wie Schülerinnen und Schüler, Lehrerinnen und Lehrer, Leserinnen und Leser durch die Kurzschreibweise SchülerInnen, LehrerInnen, LeserInnen etc. zu vereinfachen. Bei Komposita wie Schülerband, Lehrerband und Partnerarbeit weichen wir davon ab: Obwohl natürlich auch hier beide Geschlechter explizit angesprochen werden sollen, behandeln wir diese Worte zugunsten eines flüssigen Lesevorgangs als feststehende Begriffe und verändern sie nicht.

Die Lernbereiche und ihre Konzeption

Umgang mit Texten

- Die Auswahl der Texte orientiert sich am Erfahrungshorizont von Kindern und Jugendlichen. Vielfältige, nach Themen unterschiedene, aktuelle, aber auch historisch-traditionelle Texte ermöglichen die Auseinandersetzung der SchülerInnen mit dem eigenen Selbst- und Weltverständnis. Durch einen facettenreichen Umgang mit den Texten zielt KONTEXT DEUTSCH neben der Aneignung von Literatur auch auf die Bildung eines reflektierten (ethischen und ästhetischen) Urteils.
- Für die kritische Auseinandersetzung mit Medien, ihren Erscheinungsformen und ihrer Sprache ist in jedem Band ein Medium besonders dargestellt (in Band 5 das Buch; in Band 6 das Fernsehen; in Band 7 die Werbung), anhand dessen exemplarisches Arbeiten der SchülerInnen stattfindet. Durch die kritische Untersuchung in diesem Bereich wird eine informations- und kommunikationstechnologische Grundbildung aufgebaut.

Sprechen und Schreiben

- Handlungs- und schreiborientierte Aufgabenstellungen befähigen die SchülerInnen, Literatur zunehmend selbständig zu er- und bearbeiten. Der analytisch-strukturelle Zugang zu den Texten wird durch produktionsorientierte Verfahren sowohl ergänzt als auch erleichtert: Sie schaffen eine Nähe zum Text, die oft auf analytischem Weg allein nicht hergestellt werden kann. Wichtig ist bei den produktionsorientierten Verfahren, dass sie nicht vom Text weg führen. So gehorcht jede eigene Produktion schon einer implizit vorgenommenen Analyse, indem sie sich nicht des zugrunde liegenden Textes entledigt, sondern auf ihn bezogen bleibt.
- Der kreative Umgang mit Texten ist vom produktionsorientierten zu unterscheiden: Er ist freier und geht in den Anforderungen an die SchülerInnen in eine andere Richtung. Texte und anderes Material sind bei kreativen Aufgaben durchaus Anlass für das freie Spiel der Fantasie.

Reflexion über Sprache

Den oben angestellten grundsätzlichen Überlegungen entsprechend steht hier die funktionale Sprachbetrachtung im Mittelpunkt (vgl.: W. Köller: Funktionaler Grammatikunterricht. 4. Aufl. Baltmannsweiler: Hohengehren. 1997).

- Im Vordergrund stehen operative Verfahren, die die SchülerInnen dazu auffordern, ihre Ergebnisse zu reflektieren (Prinzip der operativen Produktivität).
- Teilweise werden grammatische Phänomene spielerisch verfremdet, damit die SchülerInnen sie bewusster wahrnehmen können (Prinzip der Verfremdung).
- Die grammatischen Phänomene werden immer wieder aufgegriffen, nicht lehrgangsmäßig dargelegt (genetisches Prinzip).
- Zusätzlich enthält Kontext Deutsch noch das Kapitel **Sprache untersuchen**, um noch einmal in einem induktiv-systematischen Durchgang die Kernkompetenzen der SchülerInnen eines Jahrgangs zu vermitteln und sicherzustellen.

Rechtschreibung und Zeichensetzung

- Kontext Deutsch integriert die Rechtschreibung und Zeichensetzung je nach sachlogischem Zusammenhang in einzelne thematische Kapitel.
- Darüber hinaus bietet das Lehrwerk ein eigenes Rechtschreibkapitel an, das den SchülerInnen die Gelegenheit bietet, sich systematisch mit einzelnen Aspekten der Rechtschreibung auseinander zu setzen. Dabei gibt Kontext Deutsch den SchülerInnen verstärkt die Möglichkeit, von der richtigen Schreibung auszugehen. Durch den Umgang mit richtiger Schreibung und durch einschlägige Übungen und Gespräche über die Rechtschreibung soll den SchülerInnen vermittelt werden, dass die deutsche Rechtschreibung systematisch ist. Sie sollen angeregt werden, diese Systematik selbst zu entdecken und ihre Entdeckungen in eigenen Hypothesen zu formulieren.

Formen der Lernorganisation

Die Kontext Deutsch zugrunde liegende transparente Konzeption gibt den SchülerInnen die Möglichkeit, weitgehend eigenständig mit dem Werk zu arbeiten. Einzelne Formen der Lernorganisation sollen im Folgenden erklärt werden.

Einführung in die Kapitel

Jedes Kapitel beginnt mit einer bildlich-textualen Sensibilisierung für das Thema, mit der die SchülerInnen in den jeweiligen Themenbereich eingeführt werden. Vielfach haben sie hier die Möglichkeit, selbst Ideen zur Thematik einfließen zu lassen und damit schon eigene Schwerpunkte zu setzen.

Aufgabenstellungen

Die Vielfalt der Aufgabenstellungen (analytisch, produktiv, kreativ, handlungsorientiert) hat einladenden und motivierenden Charakter. Die Aufgaben sind so angelegt, dass die SchülerInnen die Möglichkeit haben, selbständig Bereiche zu erarbeiten. Teilweise können die Aufgaben auch als Anregungen verstanden werden, projektartig weiterzuarbeiten. Den Lehrenden bietet sich durch die Aufgaben eine Fülle von Auswahlmöglichkeiten, um die Lernorganisation zu strukturieren und zu variieren. Gelegentlich finden sich Hinweise auf gruppale Lern- und Arbeitsformen, doch generell soll die Wahl der Sozial- und Handlungsformen den Unterrichtenden überlassen bleiben.

Verweissystem

Ein umfangreiches transparentes Verweissystem erleichtert SchülerInnen und LehrerInnen den Umgang mit Kontext Deutsch:

- Lernbereiche und Aufgabenschwerpunkte werden in der Kolumne genannt, wobei der jeweilige Lernbereich durch unterschiedliche Farbmarkierungen hervorgehoben wird.
- In jedem Kapitel wird am unteren Seitenrand auf die entsprechenden Seiten im Übungsteil verwiesen.
- Die mit orangefarbenen Pfeilen versehenen Begriffe sind im Teil **Nachschlagen** zu finden.
- Die Info-Boxen enthalten das zu lernende Wissen.

Prisma

Das Prisma, das jedes Kapitel abschließt, lädt die SchülerInnen dazu ein, das neu Gelernte in attraktiven Kontexten anzuwenden. Oft hat das Prisma Projektcharakter. Dann sind die SchülerInnen zum einen aufgefordert, sich selbst zu organisieren, zum anderen wird hier das Gelernte auch fachübergreifend in den Blick genommen.

Methodenlernen

Das „Lernenlernen“ nimmt einen zunehmend breiteren Raum gerade auch im Deutschunterricht ein. Unterschiedliche Lernmethoden sind deshalb in die einzelnen Kapitel integriert und entsprechend durch eine Methoden-Box gekennzeichnet. Im Teil **Nachschlagen** findet eine zusätzliche Kennzeichnung statt. Obwohl wir, wie oben dargelegt, den Lehrenden die Freiheit der Methodenwahl nicht nehmen wollen, liegt uns sehr daran, auf

Möglichkeiten differenzierten Methodeneinsatzes hinzuweisen, wo es uns günstig erscheint.

Üben

In der heutigen Schule wird ein großer Teil der Aufmerksamkeit der motivierenden Präsentation des Neuen gewidmet. Elaborierte Strategien gibt es, um den neuen Lernstoff interessant, ästhetisch ansprechend, Neugier weckend und leicht zugänglich zu machen. Die alte Lehrerweisheit: *Was nicht fünfmal geübt wurde, wird nicht gekonnt!* ist dagegen oft in Vergessenheit geraten. Üben, Wiederholen, Festigen fristen ein Schattendasein. Entweder werden sie in uninteressanter Weise in die Hausaufgaben verbannt, oder sie sind zu nahe am Gelernten, sodass die lernkontextunabhängige Ausbildung von Fähigkeiten und Fertigkeiten leidet. Eine Ursache der beklagten Folgenlosigkeit unterrichtlicher Bemühungen liegt gewiss hier.
Als Konsequenz daraus hat jeder Band von KONTEXT DEUTSCH einen umfangreichen Übungsteil, in dem die im Bezugskapitel vermittelten Inhalte und Fähigkeiten in neuen Kontexten erarbeitet, geübt und gefestigt werden können. Oft folgen diese Übungen dem Prinzip der Elaboration, d. h., beim Üben wird das vorher Gelernte erweitert und ausgearbeitet. Die Zielrichtung solcher Erweiterungen ergibt sich einmal aus den neuen Kontexten, zum anderen wird das Prinzip produktiver Verunsicherung verfolgt: Die erste, nur scheinbare Sicherheit wird auf motivierende, nicht blockierende Weise fragwürdig gemacht. Wenn die SchülerInnen sich daran versucht haben, sind ihr Wissen und ihre Fähigkeiten sicherer. Dabei orientieren sich die Übungen an teilweise umfangreichen Texten. Üben soll sich nicht an Häppchen verschleißen. Die Präsentation von komplexen Texten entspricht dem integrativen Charakter des Lehrwerks: Kein Text ist nur Steinbruch für einen bestimmten Inhalt; mit dem Üben eines Aspekts ist der Text noch nicht erschöpft. Hier ergeben sich für die Lehrenden auch kapitelübergreifende textliche Verknüpfungsmöglichkeiten.

Der Konzeption der Übungen liegen die Ergebnisse der neueren Lern- und Gedächtnisforschung zugrunde. In den Kommentaren zu den Übungsteilen wird diesen Erkenntnissen breiter Raum gewährt, damit den Lehrenden deutlich werden kann, welche Funktion jeweils die spezielle Art der Übung haben soll.

Nachschlagen

Im Anhang eines jeden Bandes findet sich ein alphabetischer Nachschlageteil, der den SchülerInnen die im Buch unterstrichenen Fachbegriffe erläutert. Anschließend finden sich Lehrtexte, die aus den erläuterten Begriffen gebildet sind und komplexere Anforderungsbereiche aufschließen. In Band 5 sind das Texte zum „Umgehen mit Erzähltexten", „Schreiben von Erzähltexten" und „Umgehen mit Gedichten". In diesen Texten wird das Erarbeitete systematisch zusammengefasst.

Die Gestaltungselemente

Jedes Kapitel enthält vier Lernbereiche, die durch unterschiedliche Farben gekennzeichnet sind:

ROT:
Nachdenken über Sprache

BLAU:
Umgang mit Texten

GRÜN:
Sprechen und Schreiben

GELB:
Rechtschreibung

Prisma: Mit dem Gelernten umgehen.

INFO-BOX

Hier wird das zu lernende Wissen zusammengefasst.

METHODE

Hier werden Lernmethoden erläutert.

Die mit einem orangefarbenen Pfeil versehenen Begriffe werden im Teil **Nachschlagen** erklärt.

ÜBEN Dieses Zeichen verweist auf den Teil **Üben** mit zusätzlichen Aufgaben und Materialien.

Lerninhalte / Kapitel/Thema	Sprechen und Schreiben	Nachdenken über Sprache	Umgang mit Texten	Rechtschreibung und Zeichensetzung	Prisma
Neue Schule – neue Klasse Seite 11–29	sich erkundigen; informieren; beschreiben; Gespräche führen	Einführung in die Verben, Adjektive, Nomen und Artikel (Begrifflichkeit)	Elfchen; Brief; Umgang mit dem Wörterbuch	Wortfeld *Schule*	Das Interview; Klassenzeitung, Wandzeitung
Verwechslungen Seite 30–35	Kommunikation; Personen und Verhalten beschreiben; Redensarten	Nomen; Artikel; Singular; Plural; Deklination; Dialoge nach Wortwahl untersuchen; von der sprachlichen Form zur Absicht	dialogische Texte: lesen und verstehen		Eine Ausstellung: Vom Fundstück zum Kunst-Stück
Es war einmal ... Seite 54–77	erzählen	Einführung in die wörtliche Rede; Begleitsatz; Satzzeichen; regelmäßige und unregelmäßige Verben; Präsens; Präteritum	Märchen: erkennen, lesen und verstehen	Wortfeld *sagen*: Zeichensetzung bei wörtlicher Rede; Aufzählung	Klassenprojekt: Märchenbuch „Verkehrte Märchenwelt"
Gewinnen und Verlieren Seite 78–101	erzählen aus verschiedenen Perspektiven; Breifeschreiben üben	Adjektiv; Deklination; Komparation; Wortwahl	Erzählhaltung; Spannungsbogen; Erzählabschnitte; innere Handlung		Gestaltung und Vorbereitung: Ein Geschichtenabend
Eine schreckliche Entdeckung Seite 102–123	Orte bestimmen; Zeitangaben machen; Umstände klären/betonen	Ergänzungen; Adverbialien des Ortes, der Zeit, der Art und Weise, des Mittels; Präpositionen; Attribute	Jugendbuch, Rollen übernehmen; Text und Wirkung	Konsonantenverdoppelung; ck, ss	Projekt: Einen Geschichten-Reigen schreiben
Mit Sprache spielen Seite 124–141	in Rollen schlüpfen; erzählen aus verschiedenen Perspektiven; gestaltendes Sprechen üben (Mimik); Sprechweisen; Texte vortragen; Dialoge erfinden	Wiederholung: wörtliche Rede; Satzzeichen; Begleitsatz	sprachexperimentelle Gedichte/Texte	Wortfeld *Verben des Sprechens*; s, ss, ß, tz; Silben trennen; Wortlücken	Ein Textbuch erstellen; Karton-Theater basteln
Im Zirkus Seite 142–159	Personen und Vorgänge beschreiben	Imperativ; Aufforderung, Wunsch, Bitte; Satzbau; Satzglieder; Verschiebeprobe, Weglass-, Ersatz-, Erweiterungsprobe; Satzarten; Satzschlusszeichen	diverse Textsorten	Wortfeld *Aufforderungen*	Ein Satzglied-Quartett erstellen
Reisen Seite 160–181	erzählen in Varianten; weitererzählen; erzählen aus unterschiedlichen Perspektiven; zusammenfassen	Wortwahl untersuchen	Lyrik; konkrete Poesie; erzählende Texte	Dehnung	Eine Reise-Sprichwort-Geschichte erstellen
Abenteuer Bibliothek Seite 182–199	sich informieren; berichten; beschreiben; Briefe schreiben; Gespräche führen		Jugendbuch; Sachbuch; Nachschlagewerk; Bibliothek		Einen Vortrag über Tiere vorbereiten und halten
Rechtschreibung lernen und untersuchen Seite 200–219				Laut-Buchstabenbeziehung; Vokallänge mit h; Dehnungs-h; Großschreibung; Silbentrennung; eigene Fehler finden; Wortfamilien; Rechtschreibsprache; Diktate für den Computer	
Sprache untersuchen Seite 220–233		Wortarten; Satzglieder; wörtliche Rede; Adjektivattribute			

Üben Seite 234–283: Wichtige Lerninhalte und Arbeitstechniken werden in neuen Kontexten trainiert

Nachschlagen Seite 284–296: Umfassende Nachschlagemöglichkeiten für Begriffe und grundlegende Kenntnisse

Neue Schule – neue Klasse

Inhalt und Konzeption

Die Situation, in einer neuen Schule zu sein, erfordert zunächst die Orientierung und das gegenseitige Kennenlernen in der neuen Klasse. Deshalb ist ein wichtiger Aspekt dieses Kapitels die Beschäftigung mit den **Vornamen**, wobei mit der Suche nach deren Wortbedeutung sowohl motivationale Ziele verfolgt werden als auch die Fertigkeit des Nachschlagens vermittelt werden soll. Dann folgt die Anfertigung von **Steckbriefen**, wobei die Aufgabe, nicht nur sich selbst zu beschreiben, sondern auch Steckbriefe über bekannte Personen zu verfassen, wieder der Motivation und zugleich der ersten Einübung von Verfahren der Personencharakterisierung dient.
Neu ist für die SchülerInnen auch der **Schulweg**, der ja in der Regel viel länger ist und andere Aufgaben stellt als der bisherige Weg zur Grundschule. Die Notwendigkeit, den eigenen Weg so zu beschreiben, dass auch andere ihn verstehen und im günstigsten Fall selbst gehen könnten, lenkt die Aufmerksamkeit auf die Genauigkeit der Angaben und ihre richtige Reihenfolge. Zusammen mit der Zeichnung, die eine Objektivierung der persönlichen Sehgewohnheiten verlangt, wird durch Selbsttätigkeit der Kinder eine räumliche Orientierung geschaffen, die auch sprachlich ihren Ausdruck findet.
Das für die Kinder neue System des Gymnasiums kommt mit vielen Begriffen daher, die nur teilweise bekannt sind. Die Auseinandersetzung mit ihnen soll der sprachlichen Orientierung dienen.
Eine grundlegend neue Erfahrung in der neuen Schule ist das sehr ausgeprägte Fachlehrersystem, das den Kindern ein ungewohntes Maß an sozialer Flexibilität abverlangt. Hier wird nun versucht, auf kindgemäße, fantasievolle Weise die Unterschiede zur überschaubaren personalen Situation der Grundschule zum Thema zu machen.
Im Unterkapitel **Schulgeschichten** richtet sich der Blick zunächst weg von der eigenen Schule. Hier können sich die Kinder auf vielfältige Weise mit den Regeln der Institution Schule auseinander setzen, sodass sich die eigene Situation im Fremden spiegelt.
Das abschließende **Prisma** führt in die Methode des Interviews ein als ein Mittel, sich über die Personen in der neuen Umgebung zu informieren. Dabei ergeben sich komplexe Aufgaben, deren Bewältigung über den unmittelbaren Zweck hinausweisen.
Da dieses Kapitel sinnvollerweise am Anfang des Buches steht, ergibt sich die Gelegenheit, die wichtigsten aus der Grundschule bekannten **Wortarten** (Nomen, Artikel, Adjektiv und Verb) in der Begrifflichkeit einzuführen, die in diesem Lehrwerk verwandt wird. Der integrativen Konzeption gemäß erfolgt diese Vereinheitlichung nicht in einem eigenen Unterkapitel, sondern ist jeweils an passend erscheinenden Stellen angebunden.

Das Kapitel im Überblick

Elfchen

Ausgehend von einer Mindmap mit den Assoziationen der SchülerInnen zu ihrer neuen Klasse, sollen sie sich in der leicht zu begreifenden äußeren Form des Elfchens über ihre neue Situation äußern.

Vornamen

Die vielen neuen Vornamen sollen auf überraschende und motivierende Weise vertraut gemacht werden. Gerade türkische Vornamen, die in den meisten Klassen vertreten sein werden, sind oft sehr bildkräftig. Interessant ist es auch für die SchülerInnen, nach Übereinstimmungen ihrer eigener Vornamen mit denen bekannter Persönlichkeiten zu suchen.

Steckbriefe

Das Erraten der SchülerInnen untereinander sowie das Erraten von bekannten Personen und Figuren aus Kinderbüchern oder Comics bringt die Kinder ins Gespräch über Hobbys, Lesegewohnheiten, Vorlieben in Kino und Fernsehen usw. Darüber hinaus wird das Herausfinden und treffende Beschreiben wesentlicher Personencharakteristika geübt.

Wege beschreiben

Bei der Beschäftigung mit dem eigenen Schulweg und dem anderer müssen Abläufe gedanklich rekonstruiert, begrifflich gefasst und sprachlich ausgedrückt werden. Dabei werden auch nichtsprachliche Zeichen gebraucht.

Nomen und Artikel; Adjektive; Verben

Die Beschäftigung mit neuen Begriffen soll genutzt werden zur Einführung der Bezeichnungen Nomen und Artikel. Die Bedeutung von Adjektiven wird anhand von Personenbeschreibungen veranschaulicht, die des Verbs im Zusammenhang mit verbotenen und gebotenen Tätigkeiten in der Schule.

Fachkürzel

Der Orientierung in der neuen Schule dient auch die Einführung in die offiziellen Fachkürzel; darüber hinaus soll die dazu erzählte Geschichte die Kinder auf motivierende Weise mit dem ungewohnten Fachlehrersystem vertraut machen.

Über Regeln diskutieren

Schule früher, bei den Indianern und in Gedichten sowie die Wunschschule sind der sprachliche Erfahrungsraum, in dem sich die Kinder mit den Regeln des Zusammenlebens in der Schule auseinander setzen.

Prisma

Es wird in die Methode des Interviews eingeführt. Damit lernen die Kinder eine Möglichkeit kennen, sich in einer neuen Umgebung zu informieren.

Methodisch-didaktische Erläuterungen

S. 11 – 12: Elfchen

Die Mindmap kann hier eingesetzt werden als ein Mittel, die neue Situation assoziativ zu beschreiben. Der Vorteil dieses Verfahrens liegt darin, dass Beziehungen unterschiedlicher logischer Art reihend und additiv in den Blick kommen, wobei keine Forderungen nach gewichtender Darstellung das Denken der Kinder filtern und dadurch hemmen. Der Zentralbegriff bleibt bei diesem radialen Denken trotz aller Assoziationsfreiheit der Bezugspunkt. Wichtig ist, dass den Kindern an einem Beispiel das Ausfüllen einer Wolke zweiter oder dritter Ordnung klar gemacht wird.
Hierfür ein Beispiel:

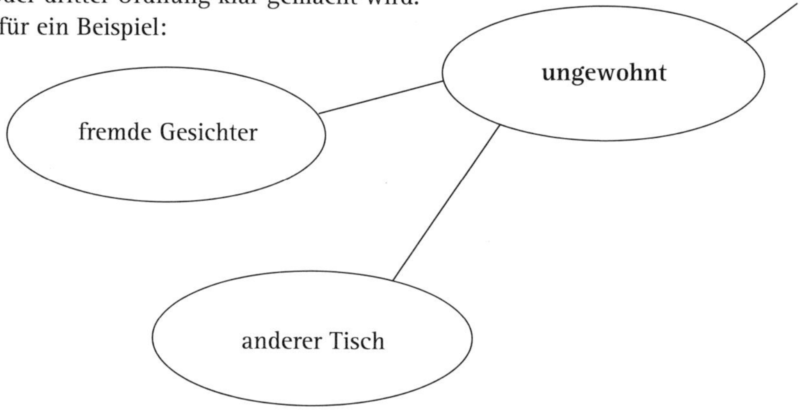

Die Diskussion verschiedener Mindmaps bietet die Gelegenheit zum Kennenlernen der einzelnen Kinder (diagnostischer Aspekt) und bringt die Klasse aufgrund eigener oder ähnlicher Befindlichkeit ins Gespräch miteinander (Klassenbildungsaspekt). In den meisten Fällen ergeben sich keine Probleme, dennoch muss einfühlsam vorgegangen werden, um Stigmatisierungen zu vermeiden.
Das Erstellen und Diskutieren der Mindmaps ist zudem eine hilfreiche Vorarbeit zur Einführung in die Produktion von Elfchen. Die Interferenz zu „kleine Elfe" sollte bewusst gemacht werden, damit keine Verständnisschwierigkeiten auftreten, die die Beschäftigung mit dieser aus elf Wörtern bestehenden Gedichtform erschweren.
Die Gesetzmäßigkeit des Aufbaus eines Elfchens führt zu homogeneren Lösungen als die Gewährung größerer formaler Freiheit und verhindert zu große Unterschiede aufgrund des jeweiligen kreativen Potenzials der SchülerInnen. Gerade die Ähnlichkeit der Form verbindet die Klasse im Stolz auf die Leistung. Z. B. durch das Aufmalen der Elfchen auf farbigen Karton und deren Aufhängen im Klassenraum kann dies noch gesteigert werden.

Literaturhinweise zu Mindmaps

Tony u. Barry Buzan: **Das Mind-map-Buch**. Landsberg a. L.: mvg-Verlag 1997 (die Erfinder der Mindmap).
Joyce Wycoff: **Gedanken-Striche**. Freiburg: VAK 1993.
Tony Buzan/ Vanda North: **Mindmapping – Der Schlüssel zu deinem Lernerfolg**. Wien: HPT-Verlag 1997.

S. 13: Vornamen

Der Einbezug der wörtlichen Bedeutungen der in der Klasse vertretenen Vornamen verfolgt lernpsychologisch den Weg vom Fremden, Überraschenden zum Vertrauten, das dann nicht mehr naiv vertraut ist, sondern durch Reflexion fester im Gedächtnis verankert und mit zusätzlichen Vorstellungen versehen ist. Dadurch lenkt sich der Blick von den so mit Bedeutung versehenen Vornamen auf die NamensträgerInnen.
Das Üben des Nachschlagens erfolgt hier aus der Notwendigkeit eines interessanten Vorhabens heraus und vermeidet so die Künstlichkeit eines expliziten Unterrichts *Wie gehe ich mit dem Lexikon um?* Bei der Suche nach einem passenden Lexikon muss den Kindern geholfen werden.
Der Gang in die Schulbibliothek bietet sich ebenso an wie das Bereithalten eines Namenbuches.
Zur Information: Die meisten der hier genannten Vornamen finden sich im zwanzigbändigen dtv-Lexikon, aber auch in kleineren Werken wird man fündig.

Aufg. 3: Vervollständigung der Tabelle:

Name	**Bedeutung**	**Name**	**Bedeutung**
Herbert	Der Heerglänzende	Anna	Die Gnade
Kai	Der Gefährliche	Katharina	Die Reine
Nikolaus	Der Volksbeherrscher	Irene	Der Frieden
Rudolf	Ruhmwolf	Susanne	Die Lilie

Aufg. 4: Einige verbreitete Vornamen:

Name	**Bedeutung**	**Name**	**Bedeutung**
Sven	Der junge Krieger	Christiane	Die Christin
Lars	Der Lorbeergekränzte	Petra	Weibl.: Der Fels
Tobias	Güte Jahwes	Gabriele	Weibl.: Held Gottes
Florian	Der Blühende	Lisa (Elisabeth)	Gott schwur
Sebastian	Der Ehrwürdige	Maria	Die Widerstrebende
Philipp	Der Pferdefreund	Simone	Die Erhörung
Björn	Der Bär	Brigitte	Die Hohe
Matthias	Gabe Gottes	Julia	aus dem Geschlecht der Julier
Patrick	Der Edle	Sabine	aus dem Stamm der Sabiner
Thomas	Zwilling	Regina	Die Königin

Aufg. 5: Es fällt auf, dass die Namen oft mit den herkömmlichen Geschlechterrollen bzw. -klischees korrespondieren: Männer sind aggressiv, mächtig und erfolgreich, Frauen sind friedlich, gütig und sanft. Weibliche Vornamen, die nicht von männlichen abgeleitet werden, sind häufig Blumennamen. (Rosa, Viola ...)

Aufg. 6: Türkische Vornamen

Name	Bedeutung	Name	Bedeutung
Aygül	Die Mondrose	Melek	Der Engel
Bariös	Der Frieden	Özkan	Echtes Blut
Bülbül	Die Nachtigall	Özlem	Die Sehnsucht
Can	Das Leben	Özgür	Der Freie
Esin	Die Wohltuende	Pinar	Die Quelle
Gonca	Die Knospe	Savas	Der Krieg
Hakki	Das Recht	Yildirim	Der Blitz
Hülya	Der Traum	Yunus	Der Delphin

S. 14 – 15: Steckbriefe

Der Steckbrief lehnt sich hinsichtlich der gefragten Eigenschaften an die in den unteren Gymnasialklassen verbreiteten poesiealbenähnlichen Bücher an. In einer Diskussion über die Frage *Was ist euch für eine genaue Kennzeichnung einer Person wirklich wichtig?*, könnten diese Eigenschaften um weitere ergänzt werden.
Aufg. 8: Der Ablauf des Verfassens und Enträtseln eines Steckbriefes wird hier sehr detailliert beschreiben. Bei der Durchführung in Einzelarbeit mit anschließendem Unterrichtsgespräch entfallen viele der angegebenen Schritte. Die Gruppenarbeit zwingt aber zu intensiver Zusammenarbeit bei der Lösung der Rätsel. Da verschiedene Gruppen miteinander konkurrieren, ergibt sich durch den Wettbewerbscharakter zusätzliche Motivation. Die Aufgabe kann erweitert werden um Steckbriefe der SchülerInnen über andere Kinder oder LehrerInnen.
Aufg. 9: Es handelt sich um Astrid Lindgrens „Pippi Langstrumpf" (Herr Nilsson ist ein Affe; Plutimikation ist eine Verballhornung von Multiplikation).
Aufg. 10: Gut geeignet sind Micky Maus, Pluto, Donald Duck, Asterix, Obelix, Benjamin Blümchen, Jim Knopf ...
Die Beschäftigung mit den Steckbriefen ist sprachlich ergiebig, wenn darauf geachtet wird, dass zusätzlich in den Steckbrief aufzunehmende Eigenschaften auch entsprechend formuliert werden.

S. 16 – 17: Wege beschreiben

Für Kinder, die kognitionspsychologisch an der Schwelle zu den formalen logischen Operationen stehen, ist die Beschreibung des Schulwegs keine leichte Aufgabe. In einem ersten Schritt muss man persönlich Erlebtes so bewusst machen, dass es in Sprache gefasst werden kann. Das setzt die Fähigkeit voraus, sich in Distanz zu weitgehend unbewusstem Handeln zu setzen.
Der zweite Schritt, das Bewusstgemachte so zu formulieren, dass Wesentliches erkannt und von Unwesentlichem gesondert wird, setzt ein hohes Maß an Orientierung voraus. In

einem dritten Schritt muss dann so formuliert werden, dass Uneingeweihte den Text verstehen, es muss also adressatengerecht versprachlicht werden.
Die Brauchbarkeit der Ergebnisse und das Erfolgserlebnis der Kinder wird also umso größer, je mehr man sich dieser Schwierigkeiten bewusst ist und dementsprechend vorgeht. Die empfohlene Schrittigkeit der Aufgaben 1–3 soll verhindern, dass aufgrund der Komplexität der Aufgabe Fehler entstehen. Ein bereitgehaltener Stadtplan ermöglicht die Selbstkontrolle, wobei die alterstypische Schwierigkeit des Umgangs mit einem Stadtplan berücksichtigt werden sollte.
Aufg. 5: Für die Skizze empfiehlt es sich, vorher einige wichtige Verkehrszeichen als Zeichenhilfe den Kindern zu zeigen. In Frage kommen z. B.: Vorfahrtszeichen, Vorfahrt achten, Ampel, Haltestellenschild und, wie in Aufgabe 5 erwähnt, das allgemeine Gefahrenzeichen.

S. 18 – 19: Nomen und Artikel

Der Weg vom ungefähren Wissen zum genauen Wissen vollzieht sich bei der Begriffsbildung. Manche der hier von der Schule „ausgespuckten" Wörter sind den Kindern schon bekannt; meistens aber haben sie nur unklare Vorstellungen von deren Bedeutung. Hier muss also der Weg von der Vorstellung zum Begriff gegangen werden, wofür eine genaue sprachliche Formulierung in Richtung Definition eine Voraussetzung ist.
Aufg. 2–3: Notwendig ist es zudem, die neuen Begriffe im Satz anzuwenden; erst wenn dies geleistet werden kann, sind sie geläufig.
Aufg. 5: Die Bedeutung der Begriffe für den Alltag der SchülerInnen kann nicht durch bloße Definition vermittelt werden. Hier soll das Verfassen eines Textes informierend wirken. Ähnlich könnte mit den Begriffen *Schülervertretung, Schülerzeitung, Beratungslehrer(in), Sanitätsraum* usw. umgegangen werden.
Ergiebig ist auch die Ergänzung der Begriffe durch andere, die von den SchülerInnen vermisst werden oder die sich aus den jeweiligen räumlichen und organisatorischen Gegebenheiten der Schule ergeben.

S. 20: Fachkürzel

Wenn hier der gymnasiale Fachlehrerunterricht thematisiert wird, dann geschieht das durchaus in Kenntnis der Tatsache, dass viele Kinder in der Grundschule nicht nur einen Lehrer oder eine Lehrerin hatten. Der Unterschied besteht aber darin, dass es in der Regel höchstens drei bis vier Lehrpersonen sind und dass der/die KlassenlehrerIn sehr viele Stunden in der Klasse unterrichtet. Der Name EDEMA KUKREKBI POSPERMUGE setzt sich aus Fachkürzeln zusammen, wobei DE (Deutsch) und MA (Mathematik) eine Abweichung von den offiziellen Abkürzungen bedeuten. Hier waren Vokale nötig!

E	Englisch	KU	Kunst	PO	Politik
DE	Deutsch	KR	kath. Religionslehre	SP	Sport
MA	Mathematik	EK	Erdkunde	ER	evang. Religionslehre
		BI	Biologie	MU	Musik
				GE	Geschichte

Aufg. 1: Nach dem Gespräch, in dem alle Fächer abgefragt werden, ist Frau Pospermuge nicht mehr da, weil mit jeder Frage das Fachkürzel aus ihrem Namen entfernt wird.

S. 22 – 25: Über Regeln diskutieren

Die innere Bewegung des Unterkapitels **Schulgeschichten** führt von einer Bildergeschichte mit Blick auf die Schule, wie sie früher war, über die Reaktion von Indianerkindern auf die Schule der Weißen hin zu zwei Gedichten, in denen in unterschiedlicher Weise mit der Schule und der Erziehung der Kinder umgegangen wird. Ihren Abschluss findet diese Bewegung in der Aufforderung an die Kinder, sich eine Wunschschule vorzustellen und zu beschreiben.

Regeln, welche die Kinder beachten müssen, und die Diskussion darüber sind die integrierten Aspekte dieses Unterkapitels.

In der Vater-und-Sohn-Geschichte **Vater hat geholfen** findet sich implizit eine Kritik an der früheren Schule: Es wird geprügelt, am Ohr gezogen und der Lehrer wird – wenn auch lustig verfremdet – als eine Respektsperson gezeigt, deren Einfluss bis in die häusliche Sphäre reicht.

Aufg. 1: Bei der Nacherzählung ergibt sich die Möglichkeit,

- die Kinder auf die genaue Berücksichtigung aller Informationen achten zu lassen
- sie für den Fortgang der Handlung wesentliche Bildinhalte von mehr ausschmückenden unterscheiden zu lassen
- und die Leerstellen der Geschichte im Rahmen der Handlungslogik ausfüllen zu lassen.

Aufg. 2: Dass es sich um einen Blick in die Vergangenheit handelt, erkennen die Kinder an der Kleidung des Lehrers (Gehrock) und seinem Bart.

Aufg. 3: Wenn auch die Bestrafung des Vaters eine satirische Überspitzung ist, könnte eine Regel heißen: „Man muss seine Hausaufgaben selbst anfertigen."

In Ruth Dirx' Geschichte **Eine alte Indianerin erzählt** wird das Aufeinandertreffen zweier Kulturen geschildert. Es sollte verhindert werden, dass die Indianerkinder mit ihrer Argumentation zu undifferenziert Recht bekommen, wie es auch falsch wäre, ihre Sicht der Dinge völlig abzulehnen. Hier sollte die Lehrperson im Interesse eines soliden Lernergebnisses auch einmal den Advocatus Diaboli spielen und Argumente für beide Positionen vertreten.

Aufg. 5: Die Aufgabe für die Gruppenarbeit dient der Erarbeitung eines Vergleiches zwischen unserer Schule und den Forderungen der IndianerInnen in Hinblick auf das Umgehen mit persönlicher Leistung. Die Ergebnisse sollen die Grundlage für die abschließende Klassendiskussion bilden. Damit diese bei möglichst gleichem Informationsstand abläuft, wird hier die Methode des *Gruppenpuzzles* (auch Mosaikgruppe oder Jigsaw genannt) vorgeschlagen. Diese Methode will eine Alternative zu den oft unbefriedigend verlaufenden Plenumsreferaten nach der Gruppenarbeit sein. Die Art der Mischung hängt natürlich von der Größe der Klasse ab; damit der Gruppenwechsel nicht chaotisch verläuft, bietet es sich an, jedem Gruppenmitglied vor Beginn der Arbeit eine Nummer zu geben (1, 2, 3, 4 ...) und beim Gruppenpuzzle alle mit der Nummer 1 zu einer Gruppe zusammenzufassen, alle mit der Nummer 2 ebenso und so weiter.

Die Aufgabe, sich in einer neu zusammengesetzten Gruppe über die Ergebnisse der ersten Gruppe auszutauschen, beseitigt auch das Problem, dass immer dieselben Kinder berichten und die anderen sich für die gemeinsame Arbeit weniger verantwortlich fühlen.

S. 24: Die beiden Gedichte von Peter Hacks und Bertolt Brecht sind äußerst verschieden, ähneln sich aber in der inhaltlichen Isoliertheit der sentenzenhaft formulierten Verse und besonders in den beiden Schlussversen. In Hacks' Gedicht **Schulstunde spielen** sind Unsinnstexte in konstruierten Zusammenhängen zu finden.

Aufg. 6: Die komischen Verse und Regeln können dazu benutzt werden, die Kinder formulieren zu lassen, was daran so komisch ist. In Verbindung mit dem im Kapitel REISEN Vermittelten zur Gedichtanalyse können hier auch Komik, Reim und Reimschema angesprochen werden (Reim dich oder ich fress dich!). Auch die Wirkung des weitgehend regelmäßig beibehaltenen Metrums könnte ermittelt werden.

Aufg. 7: Es lassen sich nur drei sinnvolle Regeln formulieren:
Man soll nicht das Treppengeländer herunterrutschen.
Man soll nicht mit Butterbroten werfen.
Man soll nicht schwätzen.

In Bertolt Brechts Gedicht **Was ein Kind gesagt bekommt** finden sich in sprichwortähnlicher Form Verhaltensmaßregeln und moralische Sentenzen, denen Kinder in der Erziehung ausgesetzt sind.

Aufg. 8: Auch hier gibt es keinen argumentativen Zusammenhang. Die bloße Aneinanderreihung erzeugt Sinn, der in der letzten Zeile aufscheint: *Ein Kind hält den Mund.* Hieran ist zu zeigen und wohl auch von den Kindern zu erkennen, dass bloße Unterwerfung unter die Weisheit der Erwachsenen verlangt wird. Diese letzte Zeile korrespondiert mit der letzten des ersten Gedichts: *Nur der Lehrer, der lernt nischt.*

S. 25: Die Konstruktion der Wunschschule soll nach der Konfrontation mit Verhaltensregeln in der Schule und zu Hause den Kindern Gelegenheit geben, ihrer Fantasie freien Lauf zu lassen und sich eine Schule ihrer Wahl zu erträumen. Der Schrank soll den Kindern diese Aufgabe erleichtern, indem er – ohne inhaltlich einzuschränken – ihre Gedanken ordnet, sodass die SchülerInnen durch das Leerräumen der Schubladen alle ihre Gedanken bei der Beschreibung ihrer Wunschschule berücksichtigen können.

S. 26: Verben

In Fortführung des Unterkapitels, das sich mit Regeln des Zusammenlebens in der Schule beschäftigt, geht es hier konkret um die Regelung des Verhaltens auf dem Schulhof.

Aufg. 2–4: In realistischerer Manier als bei der Beschreibung der Wunschschule sollen die Kinder abwägen, was richtigerweise verboten ist und was man den SchülerInnen gestatten sollte. In die Vorschläge zur Gestaltung der großen Pause soll auch das Verhalten der LehrerInnen einbezogen werden. Da Gebote und Verbote ganz wesentlich mit Verben arbeiten, wurde hier die Gelegenheit genutzt, die Bezeichnung Verb einzuführen.

S. 27: Briefe schreiben

Die Mitteilung über die neuen Erfahrungen können heutzutage viele Wege nehmen. Der klassische Brief ist auf dem Rückzug, scheint aber trotz Telefon und E-Mail nicht ganz auszusterben. Da auch die E-Mail an Formen des klassischen Briefes anknüpft, sollen die SchülerInnen hier die Elemente und den Aufbau eines Briefes kennen lernen.
Inhaltlich nehmen die vorgeschlagenen Briefe Bezug auf Fragen und Leseerfahrungen der Kinder in diesem Kapitel.

S. 28 – 29: Prisma

Die Einführung in das Interview und dessen genaue Planung und Durchführung ist hilfreich bei der Orientierung in der neuen Schule. Vieles können die SchülerInnen auf diese Weise erfahren. Sie lernen in der Schule wichtige Personen und ihre Aufgaben kennen und die Schule verliert dadurch vieles von ihrer Anonymität.
FünftklässlerInnen sind bei einer solch komplexen Aufgabe natürlich besonders auf die Lehrperson angewiesen. Die Schritte A bis H zeigen, welche organisatorischen Anforderungen mit der Planung und Durchführung dieser Interviews verbunden sind. Wichtig sind ein Raum oder ein Schrank, in dem die nötigen Gerätschaften sicher aufbewahrt werden können, da man sich nicht immer auf das zuverlässige Mitbringen von zu Hause verlassen kann. Allein die Sammlung aller Materialien wird eine Zeit lang dauern.
Ein gemeinsam erstellter Vorbereitungs- und Ablaufplan hilft enorm, um den Überblick zu behalten. Nach der Durchführung der Interviews werden bei der Überarbeitung der Antworten viele Tätigkeiten durchgeführt, die in den Bereich des Deutschunterrichts fallen. Es muss eine Textfassung erstellt werden, in der die mündlich gegebenen Antworten in eine verständliche Form gebracht werden.

Weiterführende Anregungen

Eine Variante der Elfchen sind die japanischen Haikus. Dies sind Gedichte, in denen die Natur und die Jahreszeiten beschrieben werden.

Ein Haiku
- besteht aus drei Zeilen,
- wobei die erste Zeile fünf Silben,
- die zweite Zeile sieben Silben
- und die dritte Zeile fünf Silben aufweist.
- Ein Haiku ist reimlos.

Beispiel: Die Bäume sind kahl,
Doch die Luft wird schon milder.
Ich ahne das Grün.

Die strenge Beachtung der Silbenzahl bringt es mit sich, dass der Mittelteil informativer, mitteilender ist als die beiden anderen, die damit ein- und ausleitende, oft schlussfolgernde Funktion haben.

Eine thematische Übertragung der Haikus auf die Situation in der neuen Schule ist möglich, weil auch hier die Haltung eines beobachtenden, erlebenden Ichs gestaltet werden kann.

Beispiele: Alles ist anders.
Viele neue Gesichter.
Der Lehrer lächelt.

Der Schulhof ist groß.
Sich verstecken geht prima.
Ob wir das dürfen?

An Ideenmangel leiden die SchülerInnen meist nicht mehr, wenn man einige Haikus im Plenum gedichtet hat. Schwierigkeiten bereitet natürlich die Silbenzahl. Hier sind Hilfen möglich:

Sammelt und schreibt getrennt auf:
- Verben, die in der Prädikatform ein-, zwei- oder dreisilbig sind.
- Nomen, die Dinge in der neuen Schule bezeichnen und ebenfalls ein-, zwei- oder dreisilbig sind.

Diese Hilfen gewährleisten zum einen, dass alle SchülerInnen sich am Haikuspiel beteiligen können – es empfiehlt sich, in kleinen Gruppen oder zu zweit arbeiten zu lassen –, und zum anderen wird durch die tabellarisch gesammelten Wörter das Problem der Unpaarigkeit und der geringen Zahl der Silben gemindert.

Literaturhinweise

Haiku: Japanische Dreizeiler. Hrsg. von Jan Ulenbrook. Reinbek: RUB 1995.
Haiku: Japanische Gedichte. Hrsg. von Dietrich Krusche. München: dtv 1997.

Verwechslungen

Inhalt und Konzeption

In dem Kapitel Verwechslungen werden eine Reihe von Lesetexten angeboten, die den SchülerInnen Möglichkeiten bieten, sich mit Literatur auseinander zu setzen. Ausgehend vom Motiv des Spiegelbildes sollen die SchülerInnen ein Gespür dafür entwickeln, dass eine eigene Identität immer auch in Abgrenzung zu anderen entwickelt wird.
In der Auseinandersetzung mit den Textauszügen aus Christine Nöstlingers Jugendbuch **Wie ein Ei dem anderen** können die SchülerInnen entdecken, dass Texte jeweils aus einer bestimmten Perspektive erzählt werden. Die Aufgaben sollen dazu anregen, sich selbst in die Position der Erzählerin hineinzuversetzen. Dieser Text gibt auch einige Beispiele und eine Fülle von Anregungen, sich mit verschiedenen Ausprägungen der deutschen Sprache (in diesem Fall „Österreichisch") auseinander zu setzen. Bewusst ist der Nöstlinger-Text dem **Doppelten Lottchen** von Erich Kästner vorangestellt. So können die SchülerInnen von einer moderneren Bearbeitung des gleichen Motivs zu einer älteren Fassung hingeführt werden. Es kann ein erster Eindruck davon entstehen, dass Literatur im Zusammenhang mit der Zeit ihrer Entstehung betrachtet werden kann. Literaturunterricht muss immer auch auf sprachliche Besonderheiten von Texten eingehen. Der Text **Vom Kind, das Worte verschlucken konnte** von Yak Rivais bietet Anlässe, sich über die Bedeutung einzelner Wörter zu verständigen. Auch kann die Selbstverständlichkeit, mit der wir Sprache im Alltag benutzen, thematisiert werden. Gelernt werden kann auch, dass die Bedeutung von Wörtern explizit beschrieben werden kann.
In Verbindung damit werden auch formale Aspekte von Wörtern behandelt: Jedes Wort gehört einer Wortart an. Insbesondere wird hier auf Artikel und Nomen eingegangen. Hervorgehoben wird, dass die Artikel das Genus der Nomen markieren. Auch wird die Verschmelzung von Artikel und Präposition thematisiert. Die Deklination von Artikel und Nomen wird exemplarisch wiederholt.
Im **Prisma** sollen die SchülerInnen angeregt werden, das Thema **Verwechslungen** in eigenen kreativen Gestaltungsversuchen zu behandeln. **Aus Alt mach Neu** bietet Anregungen, scheinbar nutzlose Dinge künstlerisch so zu gestalten, dass sie bedeutungsvoll werden. Dabei soll darauf geachtet werden, dass diese neuen Bedeutungen der Kunstwerke sprachlich formuliert werden.

Das Kapitel im Überblick

Redensarten und ihre Absicht

Die SchülerInnen sollen am Beispiel von Sprichwörtern erkennen, dass Sprache oft auch metaphorisch gebraucht wird; neu entstehende Redewendungen können berücksichtigt werden.

Perspektiven einnehmen

Literarische Texte werden aus einer bestimmten Perspektive erzählt. Die Darstellung der Figuren in den ausgewählten Texten ermöglicht es, dass SchülerInnen sich in sie hineinversetzen können. So lernen SchülerInnen, die Perspektive einer Figur wahrzunehmen.

Personen beschreiben; Verhalten beschreiben

Die SchülerInnen lernen, das Äußere von Personen zu beschreiben. Sie sollen beobachtetes Verhalten aus der Perspektive verschiedener BeobachterInnen beschreiben. Sie lernen, dass das Präteritum das Erzähltempus für Vergangenes ist.
Die SchülerInnen lernen die Besonderheiten der Erzählung in wörtlicher Rede kennen. Sie lernen, die Beschreibung von Gedanken der Hauptfiguren davon zu unterscheiden.

Über Bücher sprechen

Die SchülerInnen erkennen, dass Bücher in einem historischen Kontext stehen. Es werden Anregungen gegeben, Ganzschriften zu lesen.

Lesen und Verstehen: Stichwörter notieren

Den SchülerInnen soll deutlich werden, welche Bedeutung einzelne Wörter in Texten haben können. So werden sie auch auf eine genaue Beachtung der sprachlichen Form hingewiesen. Durch das Notieren von Stichwörtern werden die SchülerInnen zur Beschreibung von Wortbedeutungen hingeführt.

Nomen und Genus; Nomen und Kasus

Die SchülerInnen sollen erkennen, dass das Genus von Nomen durch die Artikel angezeigt wird. Es wird darauf hingewiesen, dass Präposition und Artikel verschmelzen können. Die SchülerInnen sollen sich mit Wortpaaren auseinander setzen, deren Bedeutungsunterschied durch unterschiedliches Genus angezeigt wird.

Prisma

Die SchülerInnen stellen hier aus alltäglichen Gegenständen Kunstwerke her, die dann als Schreibanlass dienen können.

Üben

Mithilfe produktiver und analytischer Aufgaben wird der Umgang mit erzählerischen Texten geübt (Personenperspektive, Erzählerrolle), zum anderen wird auf überraschende Weise die Beschäftigung mit Artikeln und der Beugung von Nomen angeregt.

Methodisch-didaktische Erläuterungen

S. 30 – 31: Redensarten und ihre Absicht

Das Kapitel beginnt mit dem Text **Wie aus dem Gesicht geschnitten** von Yak Rivais, mit dem in die Thematik eingeführt wird. Das Spiegelbild des Mädchens Marie weigert sich plötzlich, *sie nachzuäffen.* Die Geschichte kann zu Fragen anregen:
Kann man sich mit seinem Spiegelbild unterhalten (Spieglein, Spieglein an der Wand, wer ...)? Sieht man im Spiegel so aus, wie man wirklich aussieht (oder auf einem Foto oder einer Videokassette)? Was bedeutet das Wort spiegelverkehrt?
S. 31: Die Thematik kann auch in Angriff genommen werden, wenn SchülerInnen **Redensarten entschlüsseln.** Folgende Fragen bieten sich an:
Kennt ihr weitere Redensarten? Welche Bedeutungen haben diese Redensarten? Kann man Redensarten erfinden? Was bedeutet eigentlich Spiegelfechterei? Ist die Grafik eine richtige Interpretation?
Es lässt sich auch eine Wortschatzübung anschließen, in der z. B. Komposita gesucht werden, die *Spiegel* als ersten Bestandteil *(Spiegelei, Spiegelteleskop)* oder als letzten *(Rückspiegel, Taschenspiegel)* enthalten. Auch andere Wortarten *(spiegeln)* können berücksichtigt werden.

S. 32 – 33: Perspektiven einnehmen

Der Text **Die Doppelgängerin** von Christine Nöstlinger führt in die DoppelgängerInnenproblematik ein. Auf Kästner wird später (S. 40–41) Bezug genommen. Der Text ist dem Buch **Wie ein Ei dem anderen** entnommen, in dem die Autorin **Das Doppelte Lottchen** auf ihre Art thematisiert.
Die SchülerInnen sollen sich zunächst mit der Thematik vertraut machen und eigene Erfahrungen und Vermutungen äußern: *Welche besonderen Merkmale müsste der eigene Doppelgänger haben?*
Der Textausschnitt lebt von der wörtlichen Rede; er könnte auch mit verteilten Rollen vorgelesen werden; dabei sollte ein drittes Kind den erzählenden Text lesen, der ja im Präteritum steht, was leicht übersehen werden könnte.
Aufg. 2: Die Frage zielt darauf, Vermutungen über den Fortgang der Handlung zu sammeln, die anschließend durch gemeinsame Lektüre überprüft werden können.
S. 33: In dem Textausschnitt **Florian erzählt** finden wir zunächst einen Abschnitt ohne wörtliche Rede; vielmehr wird eine längere Rede indirekt wiedergegeben; dies kann unter Hinweis auf die Konjunktiv-Form angesprochen werden.
Die Unterhaltung zwischen Florian und der Doppelgängerin (Z. 10–17) kann auch unter dem Gesichtspunkt besprochen werden, dass Versuche, fremde Menschen anzusprechen, nicht immer gelingen und Missverständnisse provozieren. Interessant an dieser Passage ist, dass in direkter Rede über ein anderes Gespräch berichtet wird.
Aufg. 5: Die SchülerInnen sollen angeregt werden, sich in die Figuren hineinzuversetzen und deren Gedanken und Sichtweisen zu rekonstruieren. Um all die möglichen Aufgaben bearbeiten zu können, müssen die SchülerInnen die Perspektiven anderer einnehmen. Wenn wir andere richtig beschreiben (oder verstehen) wollen, müssen wir versuchen, auch ihre Perspektive einzunehmen. Offenkundig ist dies in der Zeile 19: *Sie dachte: Hätt ich leicht auch sagen können!*

S. 34 – 35: Personen beschreiben; Wortbedeutungen

In dem Text **Auf der Suche** wird erzählt, wie Pipi, Florian und Marion sich entschließen, die Suche nach der Doppelgängerin aufzunehmen.
Aufg. 7–8: Die Aufgaben regen zu einer genauen Personenbeschreibung an; die SchülerInnen sollen auch die Reihenfolge und die Wichtigkeit der einzelnen Merkmale besprechen.
Perspektiven einnehmen ist eine Sache. Genau zu beschreiben ist eine andere, vor allem, wenn – wie für Florian – kein Foto zur Verfügung steht. Hier geht es darum, die wesentlichen Merkmale zu nennen. Auch muss man sich im Vorfeld über einige Fragen klar werden: *Will ich mich auf das Äußere konzentrieren? Will ich auch Charaktermerkmale beschreiben? In welcher Reihenfolge ordne ich die einzelnen Elemente sinnvoll?* Zur Übung können SchülerInnen sich selbst beschreiben. Der Auftrag für die Diskussion und Korrektur solcher Arbeiten sollte lauten: *Wie kann die Beschreibung verbessert werden?*
S. 35: Eine Personenbeschreibung kann ebenfalls für den **automatischen Doppelgänger** angefertigt werden.
Aufg. 9: Eine einheitliche deutsche Standardsprache ist eine Fiktion; es gibt viele regionale Standardsprachen. Das betrifft die Nuancen in der Aussprache, aber auch die Lexik. Die Fragestellung kann auch paraphrasiert und erweitert werden:
Sucht einzelne Sätze aus dem Text heraus, die eine Schriftstellerin aus unserer Region anders geschrieben hätte.
Aus elektronisch verfügbaren Telefonbüchern könnten einige SchülerInnen für etwa gleich große Städte aus verschiedenen deutschsprachigen Regionen überprüfen, ob bestimmte Namen gleich häufig vorkommen: *Behrens, Bohmann, Forytta, Giese, Hundsnurscher, Schmidt, Schmitz, Schreiner, Steidl, Thoma, Zimmermann, Zwickel.* Computererfahrene könnten sogar die Verteilung von Vornamen erforschen.
Aufg. 10: Das Thema Perspektive wird noch einmal für ein Verkaufsgespräch aufgenommen.

S. 36 – 39: Verhalten beschreiben

Im Kapitel **Herzflattern** offenbart die Mutter Marion, dass es sich bei der Doppelgängerin vermutlich um ihre Halbschwester handelt (Zeile 13–16). Und plötzlich wissen beide nicht, was sie reden sollen. Die wörtliche Rede versiegt. Die Erzählerin ergreift das Wort, beschreibt das Verhalten der beiden und ihre Gedanken.
Aufg. 2: Die SchülerInnen werden dazu angeregt, aus der Beschreibung äußeren Verhaltens auf Gefühle und Gedanken zu schließen. Eine weitere mögliche Frage, die in diesem Zusammenhang gestellt werden kann: *Woher kennt die Erzählerin eigentlich die Gedanken ihrer Figuren? Inwiefern unterscheidet sich die Perspektive der Erzählerin von der des Obers?*
Aufg. 3: Hier werden die SchülerInnen aufgefordert, die Beobachtungen des Obers zu beschreiben. Wichtig ist die genaue Arbeit am Text, wenn es um das Beschreiben des Verhaltens geht. Formulierungen zu Verhaltensweisen, die als Indiz für Unsicherheit (Zeile 19–20) oder Aufgeregtheit (Zeile 26) gewertet werden können, sollten sprachlich näher betrachtet werden. Es kann sich eine Aufgabe anschließen, in der eigene Formulierungen gefunden werden, die beobachtbares Verhalten als Indiz für Stimmungen, Gefühle und Gedanken beschreiben.

In dem Auszug **Die Begegnung** wird das erste Treffen zwischen Marion, Sandra und Florian geschildert. Hier kommen nun alle Perspektiven zusammen. Die Erzählerin wechselt zwischen längeren Passagen, in denen sie aus ihrer Sicht erzählt, und solchen, die durch wörtliche Rede gekennzeichnet sind. Interessant ist, dass nicht immer deutlich wird, ob es sich um Marions Gedanken handelt oder um eine Beobachtung der Erzählerin. An anderen Stellen ist ganz deutlich, dass es sich um Gedanken der Figuren handelt: *Sie dachte: ...* (z. B. Zeile 32 und 44). Diese Passagen sollten von den SchülerInnen gefunden und mit ihnen besprochen werden.
Angesprochen werden kann auch, dass Nöstlinger bei diesen Passagen zwar den Doppelpunkt als Abschluss des Begleitsatzes wählt, nicht jedoch die Anführungszeichen. Es kann darauf hingewiesen werden, dass auch das möglich wäre, um die Gedanken als „inneres Sprechen", als „inneren Dialog" hervorzuheben.

S. 40 – 41: Über Bücher sprechen

Durch das Gegenüberstellen der Buchtitel von Nöstlinger und Kästner sollen die SchülerInnen angeregt werden, darüber zu diskutieren, welches Buch wohl eher geschrieben wurde. Sie sollen so dafür sensibilisiert werden, dass Literatur und andere Texte zu durchaus verschiedenen Zeiten geschrieben wurden. So kann ein erstes Bewusstsein von der Historizität von Literatur entwickelt werden. Die SchülerInnen sollen hier einige Informationen über Christine Nöstlinger und Erich Kästner zusammentragen. Die klassische Möglichkeit eines Literatur-Lexikons sollte vorgestellt werden. Es kann aber auch gefragt werden: *Wer findet etwas im Internet?* Hier kann auch auf die Unterscheidung von Jugendbuch und Sachbuch eingegangen werden (vgl. S. 187–197). Eine weiterführende Frage wäre, ob es in der Bibliothek Lexika und Sachbücher gibt, die sich direkt an Jugendliche wenden.
Aufg. 1: Bei der Frage nach der historischen Einordnung sollte auch die sprachliche Seite nicht vernachlässigt werden: Folgende Fragen sind in diesem Zusammenhang möglich: *Welche Wörter können in Büchern aus bestimmten Zeiten gar nicht auftauchen, weil es die Wörter noch nicht gab? Seit wann gibt es die Wörter Radio, Telefon, Fernseher, Computer, Internet, Walkman, Regenschirm, Bildschirm? Könnt ihr euch in Sachlexika kundig machen? Seit wann gibt es das Wort Strumpfhose oder Hosenrock? Was wissen wir darüber, wie Kinder zu unterschiedlichen Zeiten in unterschiedlichen Schichten gelebt haben?*
Aufg. 7: Über Bücher sprechen heißt auch: über AutorInnen sprechen. Welche Ziele verfolgen sie mit ihren Büchern? Haben die Bücher vielleicht andere Wirkungen als AutorInnen intendieren? Eine erste Annäherung an solche Fragen ermöglicht ein fiktives Interview. Hier könnten die LehrerInnen interessante Aufschlüsse über Autorenbilder in den Köpfen der jungen Leser erfahren.

S. 42 – 45: Lesen und Verstehen: Stichwörter notieren; Begriffe suchen

Hilfe! Die Wörter sind weg! – im Textauszug aus Yak Rivais' **Vom Kind, das Worte verschlucken konnte** wird der Informationswert einzelner Wörter thematisiert.
Aufg. 1: Die SchülerInnen erkennen, wenn sie die Aufgabe bearbeiten, wie schwierig es ist, einzelne Wörter zu umschreiben. Wir wissen normalerweise immer schon, was ein Wort bedeutet, wenn wir es gebrauchen.
Aufg. 3: Hier wird verlangt, sich die Bedeutung einzelner Wörter bewusst zu machen und sie zu beschreiben. Dies kann auch stichwortartig notiert werden.
Ein Experiment könnte sich anschließen: Die SchülerInnen bearbeiten einen Abschnitt dieses Textes (oder eines anderen), indem sie jeweils eine bestimmte Wortart tilgen. So ergibt sich die Möglichkeit, über die unterschiedliche „Bedeutungshaltigkeit" einzelner Wortarten zu sprechen. Mögliche Fragen: *Wenn nur die Artikel fehlen, so kann man sie sich meistens leicht hinzudenken – warum? Welche Probleme tauchen auf, wenn die Verben fehlen? Wie ist es bei Nomen und Adjektiven?*
Arbeiten einzelne Gruppen an verschiedenen Texten, so kann man die lückenhaften Texte zwischen den Gruppen austauschen und wieder vervollständigen lassen. *Was sagen die Vergleiche zwischen „Originalen und Fälschungen" über die Funktion der einzelnen Wortarten im Satz aus?*
So wäre dann auch die **Raterunde** (S. 46) optimal vorbereitet, in der das Nomen in den Mittelpunkt rückt.

S. 46 – 51: Nomen und Genus; Nomen und Kasus

Zunächst einmal soll wiederholt und deutlich herausgestellt werden, dass jedes Nomen nur ein Genus hat und dass dieses durch den Artikel angezeigt wird. Dabei werden bestimmter und unbestimmter Artikel unterschieden. (Beim unbestimmten Artikel könnte der Hinweis sinnvoll sein, dass sich *kein, mein, sein* genau so in der Deklination verhalten wie *ein.)* Wichtig ist auch der Hinweis, dass es im Plural für die Artikel nur eine Deklination für alle drei Genera gibt: *die – der – der – die).*
Aufg. 11: Artikel und Nomen bilden im Satzglied eine nominale Klammer, in der häufig Adjektive als Attribute stehen. Dies soll den SchülerInnen bewusst gemacht werden. Die einzelnen Artikel lassen nur im Nominativ auf das Genus des Nomens schließen. Deshalb sind Aufgaben (wie Aufgabe 11 und 12) für SchülerInnen besonders wichtig, die in der Textarbeit das Genus nicht intuitiv richtig erschließen.
Aufg. 13: Viele Präpositionen können mit dem Artikel verschmelzen. (In der gesprochenen Sprache tun dies auch Präpositionen, bei denen es schriftsprachlich nicht toleriert wird: *anner Haltestelle, inner Bank* ...). Die SchülerInnen sollen solche Verschmelzungen auflösen. Verschmelzungen geben immer auch den Kasus an, den die Präposition verlangt. Sollte es deshalb zu Schwierigkeiten kommen, müsste folgender Dreischritt gewählt werden: *am Tisch* → *an dem Tisch* → *der Tisch.*
S. 49: Mit der Frage **Mögen Sträuße gerne Sträuße?** geht es darum, Paare von Wörtern zu bearbeiten, deren Bedeutungsunterschied sich aus ihrem Genus ergibt. Dies ist relativ selten der Fall.

Aufg. 2: Da die Wörter nicht alle sehr gebräuchlich sind, werden die SchülerInnen aufgefordert, deren Bedeutungen zu klären.
Im **Teekesselchen raten** können einmal Wortpaare vom Typ *Lid – Lied* oder *Saite – Seite* einschlägig sein, in aller Regel wird es sich aber um Wortpaare handeln, von denen eines als lexikalisierte Metapher vom anderen abgeleitet ist: *Trommel – Trommel, Waage – Waage, Straße – Straße, Schirm – Schirm, Rad – Rad, Beutel – Beutel, Nase – Nase, Brille – Brille, Pony – Pony, Laster – Laster.*
Dies Spiel kann sehr gut zum Anlass für „sprachphilosophische Gespräche" genommen werden, in denen auch Vermutungen darüber geäußert werden können, welches Wort historisch das ältere ist. Dabei sollte es nicht so sehr um sprachhistorische Richtigkeit gehen; die Einübung in Gespräche über Sprache muss beständiger Teil der Reflexion über Sprache sein.
Mit **Wer? Wem? Was?** werden die Fragen wiederholt, mit denen der Kasus ermittelt werden kann. Es ist jedoch zu beachten, dass SchülerInnen, die nachlässig sprechen, häufig auch nachlässig fragen. Falls weitere Übungen mit den Fragen geplant sind, sollten die Kasusformen in einem Text auftauchen.

S. 52 – 53: Prisma

Müll – mag das Bild **Schuttabladeplatz** auch erst einmal abschreckend wirken, so wird es doch durch die gegenüberliegende Seite kontrastiert. Müll und Kunst – passt das zusammen?
Es kommt auf die Perspektive an, wie die kurze Äußerung von Pablo Picasso zeigt. Ein Thema des Kapitels kann hier leitmotivisch wieder aufgenommen werden: *Wie würden verschiedene Personen aus den literarischen Texten den Schuttabladeplatz sehen? Würden sie vorbeigehen? Was würden sie näher betrachten?*
Aufg. 2: Die SchülerInnen sollen Perspektiven einnehmen: *Ich war eine Dose.* Welche Geschichten könnte man aus der Perspektive einzelner Gegenstände schreiben? Wollen sie recycelt werden? Hoffen Sie darauf, Teil eines berühmten Kunstwerks zu werden?
Aufg. 5–6: Picassos Fahrradlenker und Lenkstange haben Glück gehabt. Nun sollen die SchülerInnen aus Fundstücken Kunst-Stücke machen. Doch nicht nur das: Sie sollen für ihre Kunst-Stücke treffende Namen finden.
Aufg. 7–8: Die Klasse kann ihre Werke zu einer Ausstellung zusammenstellen. Zu einer richtigen Ausstellung gehört ein Katalog, in dem von der Entstehung der Kunstwerke, von den Fundorten, von den verschiedenen Namen, die im Gespräch waren, und vieles andere mehr erzählt werden kann. Es wird die Möglichkeit angeboten, eine Kassette für eine Führung zu produzieren. Soll der Katalog aber auch noch – mit Bildern – zur Verfügung stehen, wenn die Ausstellung längst abgebaut ist, ist das Aufschreiben notwendig.

Weiterführende Anregungen

Mögliche Klassenarbeit

Der Wald und das Streichholz *Rafik Schami*

Es war einmal ein großer Wald. Hunderte von Pinien lebten stolz und mit erhobenem Haupt neben drei Olivenbäumen, die klein und schmächtig, aber nicht weniger stolz waren.
„Was interessiert uns, dass die Pinien weit sehen, sie sind nur hochmütig, und schon vom schwächsten Wind werden sie hin- und hergeschaukelt. Wir sind tief verwurzelt, und auf dem Boden entgeht uns nichts“, dachten die Olivenbäume.
Aber die Pinien interessierten sich kaum für das, was auf dem Boden geschah. Sie waren stolz auf ihren weiten Blick.
Ab und zu stritten die Nachbarn, was besser sei: Oliven oder Pinienkerne.
„Wir geben den Armen Nahrung. Euch braucht der Mensch höchstens zur Verzierung misslungener Gerichte“, höhnten die Olivenbäume.
„Die wertvollsten Früchte tragen wir. Eure sind schmierig und ranzig“, antworteten die Pinien.

(Aus: Rafik Schami: Der Fliegenmelker. Geschichten aus Damaskus.
© München, Wien: Carl Hanser Verlag 1993.)

Alternative Aufgabenstellungen:

In dem Text beginnen zwei Gruppen von Bäumen, sich zu unterhalten.
Setzt die Unterhaltung fort.

Schreibt die Geschichte aus der Perspektive eines Baumes.

Schreibt eine ähnliche Geschichte, in der sich verschiedene Sträucher im Garten (oder Blumen auf dem Balkon) unterhalten.

Zusätzliche Aufgabe (oder Grammatiktest):

Sucht die Nomen aus dem ersten Abschnitt (Zeile 1–8) des Textes „Der Gedankensammler“ (S. 281) heraus. Notiert sie in allen vier Kasus im Singular und Plural. Verbindet sie mit dem bestimmten Artikel und einem passenden Adjektiv.

Üben

S. 234 – 235: Perspektiven einnehmen

Der Text **Luise und Lotte erkennen die Wahrheit** und die Aufgaben dazu nehmen die Kolumne der Seiten 32 und 33 auf sowie die Hinweise auf Erich Kästner und sein Buch **Das doppelte Lottchen** auf den Seiten 40 und 41.

Aufg. 1, 3: In einem neuen inhaltlichen Kontext wird die Fähigkeit, sich in erzählte Figuren hineinzuversetzen, mithilfe produktiver Aufgaben gelöst: Zum einen soll identifizierendes, rollenübernehmendes Lesen geübt werden, zum anderen soll ermittelt werden, was eine andere erzählte Figur, die Försterin, aus dem Verhalten der beiden Mädchen schließen kann. Dadurch gewinnen die SchülerInnen Perspektivensicherheit, was einmal dem Verständnis dieses Textes dient, aber auch eine Vorschule ist für erzähltheoretische Analysen.

Aufg. 2: Die SchülerInnen sollen den erzählerischen Mitteln nachspüren, mit denen der Autor den Eindruck von Unmittelbarkeit schafft. Da sein Erzähler keine Innensicht hat, sorgen Erzählerkommentar und die Natur als Resonanzraum des von den erzählten Mädchenfiguren Erlebten für die Unmittelbarkeit, die sich den LeserInnen mitteilt. Die SchülerInnen werden die Kommentare nennen und ihre Wirkung beschreiben können. Zu der Perspektive, unter der die umgebende Natur wahrgenommen wird, müssen sie wohl hingeführt werden: Der Erzähler nimmt stellvertretend für Luise und Lotte die Natur als antwortende, mitspielende Kulisse wahr und bringt so das Empfinden der beiden Mädchen den LeserInnen nahe.

Eine Verknüpfung mit dem Kapitel GEWINNEN UND VERLIEREN ist möglich, weil dort in den Aufbau von Erzähltexten eingeführt wird und die innere Handlung als ein anderes Mittel, Unmittelbarkeit zu gestalten, verwendet wird (S. 86–97).

S. 236: Wortverwechslungen

Bei den auf Seite 31 abgedruckten Redensarten wird hier **allerlei durchgeschüttelt** und durcheinander gebracht.

Die Aufgaben gehen dem Phänomen nach, dass sich oft ein überraschender neuer Sinn ergibt, wenn Redensarten neu zusammengestellt werden. Manche Redensarten können aber nicht durcheinander geschüttelt werden; wenn keine Zweipoligkeit in der Redensart vorliegt, ist nichts zu schütteln.

Aufg. 4: Diese Aufgabe geht einen Schritt weiter: Über die Beschreibung der Vertauschung hinaus soll der Vorgang mithilfe grammatischer Begriffe benannt werden können. Dies ist ein Beispiel für das elaborierende Üben, das im Übungsvorgang Neues vermittelt. (Zeile 2: 2 Verben; Zeile 3: Vertauschung von flektiertem Verb und Nomen bei Vertauschung von Groß- und Kleinschreibung; Zeile 4: 2 Nomen; Zeile 5–6: 2 Nomen; Zeile 7: 2 Nomen mit Mengenangabe; Zeile 8–9: 2 Zeitangaben.)

S. 237 – 238: Artikel; Unbestimmte Artikel

S. 237: Wer sind die passenden Begleiter? Die Möglichkeiten der Sprache werden hier deutlich am Gebrauch des bestimmten und unbestimmten Artikels. Die SchülerInnen sollen sich über seine Funktion klar werden. So findet sich z. B. der unbestimmte Artikel bei Gattungsbezeichnungen *(ein Hund)*. Wenn im Plural ein Artikel verwendet werden soll, steht nur der bestimmte Artikel *(die Leut)* zur Verfügung.
Aufg. 3: Der bestimmte Artikel kennzeichnet hier, dass ein bestimmtes Individuum gemeint ist, der unbestimmte verweist auf den Gattungsbegriff.
S. 238: In dem Text **Schwerstarbeit für das Wörtchen „welcher"** wird mit dem Bedeutungsunterschied der Artikelarten gespielt, außerdem geht es um die äußere Übereinstimmung mit dem Zahlwort *ein*. Hier sollen die SchülerInnen, im bekannten inhaltlichen Kontext bleibend, auf motivierende Weise Einblick in die Nuancen der Sprache erhalten, indem das erworbene Wissen von den Artikeln wieder „fragwürdig" gemacht wird. Dadurch vertieft und differenziert sich ihr Wissen.

S. 239 - 240: Deklinieren

S. 239: Das Gedicht **Der Werwolf** von Christian Morgenstern spielt mit der Verwechslung des alten Präfixes *wer* – das sich in unserem *Wehr* erhalten hat – mit dem Fragewort *wer*, das ja nur im Singular steht. Die SchülerInnen werden darauf hinweisen, dass der Wortbestandteil *wer* hier wie ein zu beugendes Nomen behandelt wird. Das Leid des Werwolfs ergibt sich daraus: Es gibt ihn ja im Plural, aber sein Name kann nicht in der hier vorgenommenen Weise im Plural gebeugt werden. Der Kasten weist auf den Ausweg hin.
S. 240: Aufg. 3: Die deutsche Pluralbildung ist kompliziert, und viele SchülerInnen – nicht nur die mit Deutsch als Zweitsprache – machen hier oft Fehler, die oft auch weniger ideolektal sind als regional erklärbar. Ergänzt sieht die Tabelle so aus:

Tisch, Tier	Tische, Tiere	-e
Gabel	Gabeln	-n
Bär	Bären	-en
Bild, Geist	Bilder, Geister	-er
Ofen	Öfen	Aus o wird ö (Umlaut)
Maus, Schlauch	Mäuse, Schläuche	-e; aus au wird äu (Umlaut)
Sessel, Löffel, Messer	Sessel, Löffel, Messer	./.
Sakko, Video	Sakkos, Videos	-s

Aufg. 5: Einige deutsche Wörter sind im Singular gleich, unterscheiden sich aber im Plural. Daran ist erkennbar, dass es sich um verschiedene Wörter handelt, z. B.:

Schilde – Schilder
Muttern – Mütter
Banken – Bänke
Wörter – Worte
Bauern – (Vogel-)Bauer

Weitere ähnliche Beispiele: *Die Schranken – die Schränke* (aber im Sg. Unterschied!);
Die Barten (*des Wals*, aber nur im Plural) – *die Bärte* ...

Es war einmal ... oder war es anders?

Inhalt und Konzeption

Die SchülerInnen lernen im vorliegenden Kapitel mit dem Märchen eine einfache, narrative Literaturgattung bewusst kennen. Gerade die amimetische Erzählform zwingt dazu, in einer 5. Klasse den Blick auf die **wörtliche Rede** zu lenken und das Textverstehen als kreativen Sinnbildungsprozess zu vollziehen.

Im Rahmen eines sensibilisierenden Einstiegs werden in einem ersten Schritt typische Märchenelemente erarbeitet, bevor diese auf vielfältige Weise in dem modernen Märchen **Petronella** verfremdet dargestellt werden. Im Vergleich zum traditionellen Märchen ist im hier ausgewählten modernen Märchen die Frauen- bzw. Prinzessinnenrolle entscheidend verändert. Die emanzipierte Petronella ist nicht mehr die Prinzessin, die entführt und befreit wird, sondern sie selbst entführt und befreit. Diese Rollenveränderung wird auch in dem weiteren Märchen **Der König im Korbe** thematisiert und bildet damit einen Schwerpunkt des Kapitels.

In enger sachlogischer Verbindung stehen die erzähltheoretischen Überlegungen zum Märchen mit den sprachtheoretischen Überlegungen:

So wird im Zusammenhang mit den vielfältigen Dialogen im Märchen die **wörtliche Rede** eingeführt. Das Märchen bietet sich zudem an, um **regelmäßige und unregelmäßige Verben** und – damit verbunden – die Zeitstufen **Präsens und Präteritum** zu erarbeiten.

Gegen Ende des Kapitels werden die Fortführung des Märchens **Petronella** und nahezu vollständig das Märchen **Der König im Korbe** als Lesetexte abgedruckt. Zum einen werden damit Leseanreize geschaffen, zum anderen können diese modernen Märchen den (schon bekannten) traditionellen Märchen dann vergleichend gegenübergestellt werden. Letztlich kann diese Spannung zwischen modernem und traditionellem Märchen in produktionsorientierter Weise genutzt werden, wie es die Aufgaben an entsprechender Stelle vorsehen.

Vor dem Hintergrund des hier Erarbeiteten sind die SchülerInnen jetzt in der Lage, selbst ein Märchenbuch zu schreiben und zu entwerfen. Die methodischen Hinweise dazu werden im **Prisma** am Ende des Kapitels gegeben.

Das Kapitel im Überblick

Märchen erkennen

Den SchülerInnen werden die typischen Merkmale von traditionellen (z. T. schon bekannten) Märchen bewusst. Anhand von Abbildungen können sie sich in die Märchensituation bzw. Märchenfigur hineinversetzen, sich Märchen erzählen, sie verändern ...
Fokussiert wird dann die Rolle der Prinzessin im Märchen, um deren Darstellung im Anschluss zu problematisieren. Die SchülerInnen erkennen den inhaltlichen und gattungsmäßigen Spannungsbogen zwischen Hans Christian Andersens **Die Prinzessin auf der Erbse** und Jay Williams' **Petronella.**

Wörtliche Rede

Im Rahmen der inhaltlichen Auseinandersetzung mit der Frauenfigur Petronella erfolgt die Einführung in die wörtliche Rede: in die Unterscheidung von Begleitsatz und wörtlicher Rede durch farbige Markierung, die Satzzeichen der wörtlichen Rede, die unterschiedliche Stellung des Begleitsatzes und die Erweiterung des Wortfeldes *sagen.*

Regelmäßige und unregelmäßige Verben

Auf der Textgrundlage des Märchens werden mit Blick auf den gleich bleibenden bzw. sich verändernden Wortstamm regelmäßige und unregelmäßige Verben eingeführt. Gelernt wird die Zuordnung der Personalform des Verbs zum Infinitiv und die Konjugation im Präteritum.

Präsens und Präteritum

Die SchülerInnen lernen die Tempora Präsens und Präteritum in ihrer Funktion bewusst zu bilden und zu verwenden.

Märchen lesen und verstehen

Hier steht der Leseanreiz im Mittelpunkt. Damit verbunden ist die (produktionsorientierte) Auseinandersetzung zwischen der bekannten Märchenprinzessin und der modernen Petronella bzw. Leonetta, eine Auseinandersetzung, die auch mit zur eigenen Rollendefinition der SchülerInnen beiträgt.

Prisma

Am Ende des Kapitels sollen bekannte Märchen verfremdet bzw. modernisiert werden. Im Rahmen eines Klassenprojektes können diese oder neu entworfene Märchen zu einem Märchenbuch zusammengestellt werden. Organisatorische und methodische Hinweise, sich und ihr Werk entsprechend zu präsentieren, erhalten die SchülerInnen im Prisma.

Üben

Im Übungsteil dieses Kapitels geht es um regelmäßige und unregelmäßige Verben und die wörtliche Rede. Bei dieser wird durch Kontrast mit der – nicht thematisierten – indirekten Rede ihre Funktion für den Märchentext deutlich. Weiter geht es um das Entdecken traditioneller Märchenelemente in einem modernen Text, der sich aber vom Märchen entfernt.

Methodisch-didaktische Erläuterungen

S. 54 – 57: Märchen erkennen

S. 54–55: Das Kapitel führt in (wohl schon) bekannte traditionelle Märchen ein, indem wesentliche Motive, Personen und Situationen zeichnerisch dargestellt werden. Wichtige Märchenmerkmale (Gebäude, Zahlensymbolik, Sprüche, Beginn und Ende des Märchens) sind zusätzlich in spiegelverkehrter Schrift aufgeführt, um die SchülerInnen auf motivierende Art und Weise in die geheimnisvolle Welt des Märchens hineinzunehmen.
Die Aufgaben zielen auf ein Wiedererkennen von schon Bekanntem ab. Gleichzeitig geht es darum, das mündliche Erzählen lebendig zu gestalten und damit sich selbst und das Märchen zu präsentieren. Schließlich sollen über das Erzählen (mithilfe der Bilder) Merkmale von Märchen benannt werden.
Aufg. 5: Hier geht es darum, die genannten Merkmale anzuwenden, sodass selbst bei einem Text mit Unsinnswörtern dieser aufgrund der verwendeten Märchenmerkmale als Märchen erkennbar ist.
S. 56–57: Hans Christian Andersens Märchen, ein dem Volksmärchen nahes Kunstmärchen, fokussiert den Blick auf die Frauenrolle im Märchen und damit auf das, was „eine wirkliche Prinzessin“ ausmacht.
Aufg. 1: Obwohl (oder gerade weil) im hier vorliegenden Text das Bild der wirklichen Prinzessin nicht enthalten ist, können die SchülerInnen aufgrund ihrer Märchenkenntnis dieses Bild füllen, es z. B. selbst malen. Damit würde auch die Spannung zu dem Märchen **Petronella** aufgebaut.
Aufg. 2: König und Königin übernehmen (auch im Sinne der Personenreduzierung) alle Aufgaben selbst; da, wo das real Mögliche überschritten wird, kann das Märchen beginnen.
Aufg. 3: Im Sinne der Intertextualität können die SchülerInnen die schon bekannten Märchenmerkmale in einer eigenen Märchenproduktion anwenden.
Aufg. 5–6: Mit Josef Redings Gedicht, in dem der Autor auf die Märchen **Froschkönig** und **Dornröschen** anspielt, wird mit der traditionellen Prinzessinnenrolle provokativ und appellativ gebrochen. Gleichzeitig wird damit die Spannung aufgebaut, von der auch die Beschäftigung mit **Petronella** lebt.

S. 58 – 61: Wörtliche Rede

Aufg. 1: Es geht zunächst darum, den Anfang des Märchens fortzusetzen. Zu beachten sind die vielfältigen Brüche im Vergleich zum traditionellen Märchen, vor allem bei Prinzessin Petronella mit ihrem Schwert. In der Fortsetzung könnten die SchülerInnen gerade die Spannung zwischen Petronella und ihren Eltern aufbauen. Mit der Eigenproduktion wird auch eine motivierende Zielspannung auf den Fortgang des Märchens gelegt.
Aufg. 2–4: Die Aufgaben beziehen sich auf die wörtliche Rede, und zwar auf die Unterscheidung von Redeteil und Begleitsatz und die in diesem Zusammenhang wichtigen Satzzeichen der wörtlichen Rede.
S. 60: Während sich Petronella in den zuvor angegebenen Beispielsätzen noch in die traditionelle Prinzessinnenrolle zu fügen scheint, zeigt sich hier in dem Gespräch mit den Eltern ihr emanzipiertes Wesen.

Aufg. 6: Die SchülerInnen schreiben die Auseinandersetzung zwischen Petronella und ihren Eltern und Brüdern fort, dabei müssen sie in den Gesprächen bewusst die wörtliche Rede mit ihren Merkmalen anwenden.
Aufg. 8: Für diese Wortfeldübung kann der Textauszug **Petronellas Entschluss** hinzugezogen werden. Bei der Auswahl der Verben sind auch die Bedeutungsvarianten zu beachten.
S. 61: In der Bildergeschichte bittet die ängstliche Arabella die mutige, emanzipierte Petronella um Hilfe. Das Erzählen der Geschichte ist eine produktionsorientierte Aufgabe, in der die wörtliche Rede mit der Zeichensetzung ein weiteres Mal geübt werden kann. Zuvor ist es allerdings sinnvoll, Gestik und Mimik der dargestellten Personen genau zu ergründen (vgl. auch die Bildergeschichte S. 64).

S. 62 – 63: Regelmäßige und unregelmäßige Verben

S. 62: In der Fortführung des Märchens **Petronella** werden regelmäßige und unregelmäßige Verben eingeführt.
Aufg. 1: Ein erster Schritt dazu ist es, den im Text unterstrichenen Personalformen des Verbs den Infinitiv zuzuordnen.
S. 63: Die Aufgaben machen die Personalformen der Verben im Präteritum bewusst. Die Tabelle zeigt die einzelnen Personalformen und damit die Konjugation des Verbs. Der Blick auf den Wortstamm des Verbs im Präteritum lenkt den Blick auf regelmäßige bzw. unregelmäßige Verben.

S. 64 – 66: Präsens und Präteritum

S. 64: Über eine weitere Bildergeschichte, in der die Märchen **Petronella** und **Dornröschen** verfremdend zusammengeführt werden, werden die Zeitstufen Präsens und Präteritum eingeführt und in ihrer Funktion erläutert. Die wörtliche Rede kann hier wiederholend aufgegriffen werden.
S. 65: Über Schaubilder und Informationsbereiche wird die Konjugation in den beiden Tempora deutlich. Dabei wird noch einmal auf die regelmäßigen und unregelmäßigen Verben zurückgegriffen, um die unterschiedliche Bildung im Präteritum zu veranschaulichen. Aufgaben, die der Übung dienen, runden diese Seite ab.
S. 66: Hier wird das Märchen **Petronella** fortgesetzt. Über die Verben, die in den Lückentext einzusetzen sind, wird die Bildung des Tempus und der richtigen Personalform in der Abhängigkeit vom Erzählkontext geübt. Gleichzeitig wird erneut die Besonderheit der Zeichensetzung innerhalb der wörtlichen Rede deutlich.

S. 67 – 75: Märchen lesen und verstehen

S. 67–71: Petronellas Erlebnisse werden hier fortgesetzt; ihre emanzipierte Rolle wird dabei bis zum Ende verstärkt in den Mittelpunkt gerückt. Dem Text sollte bewusst ein großes Eigengewicht gegeben werden.
S. 71: Die Aufgaben zielen auf die Erschließung des Textes, haben aber vielfach auch eine verfremdende und modernisierende intertextuelle Komponente. Über die produktionsorientierten Aufgabenstellungen ist den SchülerInnen die Möglichkeit gegeben, ihr eigenes Rollenverständnis zu artikulieren bzw. anhand des Märchens zu problematisieren.

Die methodischen Hinweise zum *Stummen Autor* bzw. zur *Kommentarlawine* sind besonders gut in Kleingruppen umzusetzen.
Die Zeichnung zur *Kommentarlawine* kann aufgegriffen werden, um den Begriff bildhaft zu erläutern.
S. 72–75: Mit Leonetta begegnet den SchülerInnen im Märchen **Der König im Korbe** die Tochter eines Hoftischlers, die – ähnlich wie Petronella – das traditionelle Märchenschema durchbricht, indem sie provozierend auftritt. Sie heiratet zwar den König, aber sie ist die Protagonistin mit dem weiblichen Weitblick und hat „die Fäden in der Hand", um ein gemeinsames Glück zu ermöglichen.

S. 76 – 77: Prisma

Hier haben die SchülerInnen die Möglichkeit, Märchenrollen zu übernehmen, zu verfremden bzw. zu modernisieren oder aber ein eigenes Märchen zu schreiben. Die Motivation zu schreiben sollte durch das in Aussicht gestellte, selbst zu entwerfende Märchenbuch gesteigert werden. Für die eigenen Märchen ist der Titel des Märchenbuchs **Verkehrte Märchenwelt** zu beachten. Vielfältige Möglichkeiten, Perspektiven oder Rollen zu brechen, sind den SchülerInnen jetzt bekannt. Entscheidende Situationen im eigenen Märchen sollten von den Kindern auch gezeichnet werden. Schließlich können in den eigenen Märchen die in diesem Kapitel eingeführten sprachtheoretischen Phänomene (wörtliche Rede, regelmäßige und unregelmäßige Verben, Zeitstufen Präsens und Präteritum) bewusst angewendet werden.

Weiterführende Anregungen

Mögliche Klassenarbeit

Die Tütenprinzessin

Elisabeth war eine entzückende Prinzessin. Sie wohnte in einem Schlösschen und hatte jede Menge kostbare Prinzessinnenkleider. Und sie war drauf und dran, einen Prinzen zu heiraten. Der hieß Ronald.
Zu ihrem Pech tobte sich ein Drache an ihrem Schlösschen aus, verbrannte alle Kleider mit seinem feurigen Atem und verschleppte Prinz Ronald.
Elisabeth beschloss, dem Drachen nachzujagen und Ronald zu retten. Sie suchte überall nach etwas zum Anziehen, aber das einzige nicht Versengte, das sie finden konnte, war ausgerechnet eine Papiertüte. Also schlüpfte sie in die Papiertüte hinein und folgte dem Drachen. Das war ganz einfach, denn seine Spur qualmte von verkokelten Wäldern und Pferdeknochen.

[...]

„Ronald", sagte Elisabeth, „deine Kleider sind wirklich fein und dein Putz ist super. Du siehst aus wie ein echter Prinz, aber du bist ein Armleuchter."
Sie haben übrigens dann doch nicht geheiratet.

(Aus: Robert Munsch/Helge Nyncke: Die Tütenprinzessin. 2. Aufl. Oldenburg: Lappan Verlag 1992, ohne Seitenabgaben)

Von dem modernen Märchen „Die Tütenprinzessin" sind hier Anfang und Ende abgedruckt.

Verfasse den Hauptteil, in dem die Prinzessin Elisabeth den Prinzen Ronald aus den Klauen des Drachen befreit.
Benutze dazu möglichst viel wörtliche Rede.
Beachte auch, dass Prinz Ronald und Prinzessin Elisabeth am Ende nicht heiraten.

Literaturhinweise

Schrader, Monika: **Epische Kurzformen**. Theorie und Didaktik. Königstein/Ts.: Scriptor Verlag 1980.
Lüthi, Max: **Märchen**. 6. Aufl. Stuttgart 1980.
Märchen. Arbeitstexte für den Unterricht. Hrsg. von Siegfried Schödel. Stuttgart: Reclam 1990.
Märchenanalysen. Arbeitstexte für den Unterricht. Hrsg. von Siegfried Schödel. Stuttgart: Reclam 1977.
Grimms Märchen modern. Arbeitstexte für den Unterricht. Hrsg. von Wolfgang Mieder. Stuttgart: Reclam 1979.
Märchen heute. In: Praxis Deutsch. Zeitschrift für den Deutschunterricht. Heft 103. Velber: Friedrich Verlag.

Üben

S. 241 – 243: Starke Verben; Beugen, biegen, verbiegen

Die Unterscheidung von regelmäßigen und unregelmäßigen Verben ist im Kapitel Thema. Der Begriff *starke Verben* wurde nicht eingeführt, es bleibt dem Lehrer oder der Lehrerin überlassen, ob er den Kindern zusätzlich vermittelt wird.

S. 241–242: Der inhaltliche Kontext des **Petronella**-Märchens wird verlassen und mit dem des **Rumpelstilzchen**-Märchens vertauscht, das die meisten SchülerInnen kennen werden.

Die ersten beiden Aufgaben folgen dem Prinzip zunehmender Schwierigkeit: Der Wortspeicher zum ersten Lückentext enthält die Verben in der flektierten Form, der zweite Wortspeicher nur Infinitive. Die Aufgabe der Kinder ist also komplexer.

Aufg. 1: war, war, hatte, traf, sprechen, geben, sagte, habe, kann, spinnen, sprach, ist, gefällt, ist, sagst, bring, will, stellen, führte, lag, gab, sprach, mache, versponnen, hast, musst, sterben, schloss, blieb

Aufg. 2: sitzen – saß, wissen – wusste, verstehen – verstand, spinnen, können – konnte, werden – ward, weinen, anfangen – anfing, aufgehen – ging auf, sprechen – sprach, weinen – weint, antworten – antwortete, sollen – soll, spinnen, verstehen – verstehe, geben – gibst, spinnen – spinne, nehmen – nahm, setzen – setzte, sein – war

Aufg. 3: Hier müssen die Kinder ihr Wissen anwenden, unterstützt von den Formen in den beiden Lückentexten, die sie selbst eingesetzt haben.

Aufg. 4: Die verlangte Regelformulierung nimmt das auf den Seiten 63 und 65 Vermittelte wieder auf.

Aufg. 5: Dem Prinzip folgend, dass sinnvolles Üben den Lerngegenstand weiter ausarbeitet, werden die SchülerInnen mit Infinitiven unregelmäßiger Verben konfrontiert, deren Präteritum kaum zum aktiven Wortschatz der Kinder gehört. Hier können die Kinder erkennen, dass auch bei unregelmäßigen Verben gleichartige Formbildung zu beobachten ist (z. B. *schwoll, quoll*), was das Lernen erleichtert.

S. 243: Bruno Horst Bulls Gedicht **Als ich noch zur Schule gehte** mit seinen Verstößen gegen die Formbildung der Verben wird zur Korrektur der Fehler motivieren, wobei die Aufgabe, die Fehler zu beschreiben, die Anwendung des Wissens der Präteritumbildung verlangt. Die bloße Korrektur genügt nicht: Es muss erkannt werden, dass fast immer unregelmäßige Verben regelmäßig flektiert werden und dass es drei Ausnahmen gibt: *machtete, prophezie* und *stak* (Letzteres ist eine alte starke Form, die aber noch dem Sprachgefühl vieler entspricht). Die Beschreibung des jeweiligen Fehlers stärkt zugleich das operationale Regelwissen und übt das sprachlich Richtige ein.

Aufg. 3: Die produktionsorientierte Aufgabe geht wieder den lustvollen Weg über den Fehler, der allem Sprachgefühl widerspricht. Bei SchülerInnen mit Deutsch als Zweitsprache muss man hier aber vorsichtig sein. Je nach Leistungsfähigkeit der Klasse oder einzelner Gruppen kann natürlich auch die Gedichtform verlangt werden. Doch für die Erreichung des Lernziels ist dies nicht nötig.

S. 244: Märchen weiterspinnen

Aufgrund der Kenntnis traditioneller Märchenelemente gelingt es den SchülerInnen zu erkennen, mit welchen Elementen Janosch in seinem Text **Die Prinzessin mit der Laus** spielt, um ihn als Märchen wirken zu lassen. Aber sie erkennen auch, worin sich dieser Text von einem Märchen unterscheidet. Da sich die Geschichte von der anfangs dargestellten Situation personell und inhaltlich entfernt, erfahren die SchülerInnen eine Erwartungsenttäuschung: Die Geschichte stimmt „irgendwie" nicht. Die Fantasie des Autors sprengt die traditionelle Form. Er spielt mit der Form ebenso wie mit den LeserInnen (siehe letzter Satz).

S. 245 – 246: Wörtliche Rede

Aufg. 1: Die Kenntnis der wörtlichen Rede und der bei ihr zu beachtenden Interpunktionsregeln müssen auf den ersten Teil des Märchens **Rumpelstilzchen will das Kind holen** angewandt werden, wobei wieder Rumpelstilzchen als neuer Kontext genutzt wird, damit die SchülerInnen auch das Ende des Märchens erfahren.
Aufg. 2–3: Der zweite Text enthält die ursprünglich wörtliche Rede als indirekte. Indem die SchülerInnen hier die wörtliche Rede einsetzen, gehen sie erstens den Weg vom Neuen zum Bekannten, d. h., sie müssen hinter dem Neuen (indirekte Rede) das Bekannte (wörtliche Rede) erkennen. Der Vergleich beider Fassungen lenkt den Blick vom rein Grammatischen auf die Textwirkung. Hier sind Antworten anzustreben wie: „Die wörtliche Rede ist lebendiger, unmittelbarer; die Personen sprechen (scheinbar) direkt ohne vermittelnde Instanz zu uns." Die mögliche Frage, wann denn die indirekte Rede angebracht ist, erscheint schwer und liegt natürlich in der Entscheidung der Lehrenden.
Aufg. 4: Die Aufgabenstellung zielt auf die Wortschatzerweiterung im Zusammenhang mit der Formulierung von Begleitsätzen der wörtlichen Rede.

Gewinnen und Verlieren

Inhalt und Konzeption

Zu den Alltagserfahrungen der SchülerInnen einer fünften Klasse gehört es, in Auseinandersetzung mit anderen zu gewinnen und zu verlieren. Diese Erfahrungen werden in diesem Kapitel aufgegriffen.
Es ist in erster Linie von literarischen Texten bestimmt, die Alltagserfahrungen von Kindern in anspruchsvoller Weise spiegeln. In den Texten sind exemplarisch (innere) Auseinandersetzungen kindlicher ProtagonistInnen mit Gleichaltrigen, Eltern und LehrerInnen thematisiert, ohne eine moralisierende Wirkung zu verfolgen:
So erzählt Gina Ruck-Pauquet in der Geschichte **Die Kreidestadt** von einer Freundschaft zwischen einem Jungen und einem Mädchen, die durch die Lüge eines Dritten zerstört wird.
In der Geschichte **Ein richtiger Bub** von Martin Auer rückt ein Junge ins Zentrum, der mit seinem Wunsch nach einem Meerschweinchen nicht den Vorstellungen seines Vaters entspricht.
Messen und Wägen von demselben Autor zeigt ein Mädchen, das dadurch auffällt, dass es ständig alles miteinander vergleicht.
Mit dem **Sprung** von Gunter Preuss und der **wilden Nacht** von Franz Hohler steht die Thematik Angst und Mut bei Kindern im Mittelpunkt.
Irmela Wendts Geschichte **Die eigene Leistung** zieht mit der Diktatsituation den Schulbereich in das Oberthema ein. Explizit stellt sich die Frage nach Gewinnen und Verlieren in Matthias Heinrichs Erzählung **Das musste sein**, wenn ein Junge gegenüber seinen Eltern vorgibt, mit einem Freund für die Englischarbeit zu üben, in Wahrheit aber die Situation nutzt, um ein Fußballspiel zu gucken.
Im **Prisma** sind weitere literarische Texte zum Thema aufgegriffen, welche die Grundlage dazu bilden können, einen Geschichtenabend vorzubereiten.
In die Bearbeitung dieser Texte ist die Reflexion über die Wortart Adjektiv integriert, um die einzelnen Personen beschreibend adäquat charakterisieren zu können. Die Steigerung des Adjektivs lässt sich unmittelbar aus der Geschichte **Gut, besser, am besten** ableiten.
Schwerpunktmäßig sind in den Aufgabenstellungen zu allen Geschichten erzähltheoretische Aspekte (Erzählabschnitte, Spannungsbogen, innere Handlung) aufgegriffen.

Das Kapitel im Überblick

Adjektiv

Die SchülerInnen sollen die determinierende Funktion des Adjektivs im Bereich der Personencharakterisierung reflektieren. Die attributive und die prädikative Funktion wird aufgeführt, ohne sie explizit einzuführen.

Adjektive steigern

Die Kinder sollen die Leistung des Adjektivs beim Vergleich von Qualität und Quantität erkennen und in diesem Zusammenhang die Unterscheidung der drei Vergleichsstufen (Grundform, Komparativ, Superlativ) kennen und anwenden lernen.

Erzählabschnitte im Spannungsbogen

Es geht darum, Erzählabschnitte in ihren Funktionen (Spannungsaufbau, Höhepunkt, Spannungsabbau) zu erkennen und auf dieser Grundlage selber Erzählungen zu schreiben.

Innere Handlung

Die Gefühle einer literarischen Person, die innerhalb der Handlung nicht explizit dargestellt werden, sollen nachempfunden und erkannt werden, um so zwischen der äußeren Handlung und der inneren Handlung unterscheiden zu können.

Prisma

Anhand der Geschichten können die SchülerInnen einen Geschichtenabend vorbereiten, der durch eigene Erzählungen ergänzt werden kann.

Üben

Hier wird der Umgang mit Erzähltexten sowohl in der Analyse als auch in der Produktion in einem neuen inhaltlichen Kontext geübt. Darüber hinaus wird die Leistung von Adjektiven für das spannende Erzählen untersucht.

Methodisch-didaktische Erläuterungen

S. 78 – 83: Adjektiv

Die Illustration, mit der dieses Kapitel beginnt, zeigt fröhliche, enttäuschte und traurige Kinder in Sportkleidung, die sich über ein gewonnenes Spiel freuen oder enttäuscht sind von einer Niederlage. Die Illustration bietet den SchülerInnen ein hohes Identifikationspotenzial, sodass es sich als Aufgabe für die Lerngruppe anbietet, die dargestellten Kinder zu beschreiben, sich in einzelne der dargestellten Personen hineinzuversetzen und eine Geschichte aus deren Sicht zu erzählen. Dabei kann schon die Wortart Adjektiv in den Mittelpunkt rücken.

Unter der Überschrift **Enttäuscht** folgt die Erzählung **Die Kreidestadt**, in der die für SchülerInnen einer 5. Klasse nicht unproblematische Freundschaft zwischen einem Mädchen und einem Jungen im Mittelpunkt steht.

S. 80: Die ersten beiden Aufgaben zielen auf die inhaltliche Ebene, auf den Kernpunkt, der dann in der dritten Aufgabe mit der Wortart Adjektiv in Zusammenhang gebracht wird. Die sich verändernde Gefühlskurve (erster Tag – zweiter Tag) für den Jungen Benze zielt auf den Handlungskern der Erzählung, zudem sind die unterschiedlichen Gefühle Benzes in der Gefühlskurve nur mit Adjektiven darzustellen. Die Aufgaben und die Skizze geben den Kindern eine deutliche Hilfestellung. Die Wortart Adjektiv wird schon im Kapitel NEUE SCHULE – NEUE KLASSE kurz eingeführt (S. 21). Um Verwirrungen zu vermeiden, wird hier noch nicht die syntaktische Funktion des Adjektivs (als Attribut, Adverb oder Prädikation) reflektiert, obwohl es von den SchülerInnen in diesen Funktionen verwendet wird. Im Zusammenhang mit der vorliegenden Erzählung wird der Lerngruppe bewusst, dass sie mithilfe von Adjektiven Gefühle und Stimmungen eines Menschen genau darstellen kann.

Der letzte Satz der Erzählung sollte besonders beachtet werden.

S. 81–83: In der Geschichte **Ein richtiger Bub** steht inhaltlich die Jungenrolle aus der unterschiedlichen Sicht eines Vaters und seines Sohnes zur Diskussion.

Aufg. 5–6: Die Aufgaben konzentrieren sich zunächst auch auf diese unterschiedliche Sicht, greifen aber dann zur Charakterisierung des Jungen die Adjektive wieder auf, und zwar hier in der attributiven Funktion.

Aufg. 7: Die Flexion der Adjektive in einer Nominalklammer wird anhand eines Beispiels eingeführt; Artikel und Adjektiv zeigen dabei Genus und Kasus des nominalen Ausdrucks an, was am Deklinationsschema deutlich wird. Bei der Bearbeitung des Schemas im Plural erkennen die SchülerInnen, dass der unbestimmte Artikel im Plural nicht existiert.

S. 84 – 85: Adjektive steigern

In der Geschichte von Silvia, die immer alles messen und miteinander vergleichen muss und damit einen recht unsympathischen Eindruck erweckt, sind eine Fülle von Adjektiven in den unterschiedlichen Steigerungsstufen verwendet. Von daher lernen die SchülerInnen die Steigerung von Adjektiven in ihrer Funktion kennen.

Aufg. 3–4: Das Schaubild veranschaulicht die einzelnen Steigerungsstufen und führt gleichzeitig die Fachbegriffe ein. An weiteren Adjektiven aus dem Text kann die Steigerung dann angewendet werden. Bei der Steigerungsregel ist zu beachten, dass im Kom-

parativ an die unflektierte Grundform *-er* und im Superlativ an die unflektierte Grundform *-ste* oder *-este* angehängt wird. Beispiel für eine unregelmäßige Steigerung: *gut – besser – bester, -e, -es* (flektierter Superlativ) *am besten* (nichtflektierter Superlativ).
Aufg. 6: Das Adjektiv wird in seiner Vergleichsfunktion in den Mittelpunkt gerückt. Den Vergleich gibt es auch in der Grundform mit der Vergleichspartikel *wie: Ich bin genauso stark wie du.* Der komparativische Vergleich verlangt dagegen die Vergleichspartikel *als: Ich bin stärker als du.*

S. 86 – 93: Erzählabschnitte im Spannungsbogen

In der Geschichte **Der Sprung** ist der erwartete Erzählverlauf (Einleitung, Hauptteil mit Höhepunkt, Schluss) in „Reinform" nicht zu finden, da Hannes nicht vom Dreimeterbrett springt, sondern die Stufen vom Sprungturm heruntersteigt und zugibt, vor dem Sprung Angst gehabt zu haben. Es kann hier also von zwei Höhepunkten gesprochen werden.
Aufg. 2: Die Struktur der Geschichte unterscheidet sich insofern vom klassischen Aufbau, dass hier die Spannung mit dem Abstieg abfällt, aber noch einmal deutlich steigt, wenn Hannes vor der Klasse steht. Im Zusammenhang mit dieser Aufgabe kann schon auf den Spannungsbogen verwiesen bzw. auf den Spannungsbogen hingearbeitet werden.
S. 89: Die Illustration veranschaulicht den Spannungsbogen, sodass die SchülerInnen den modellhaften Verlauf an eigenen Erzählungen überprüfen und anwenden können.
S. 90–93: Mit der Frage nach der Spannung in Franz Hohlers Geschichte **Eine wilde Nacht** rückt Aninas Albtraum ins Zentrum, in dem sie sich mit gefürchteten Tieren auseinander setzen muss. Die Spannung ist am größten, wenn Anina vor Angst schreit (S. 92 oben), was auch mit einer Spannungskurve gut veranschaulicht werden kann.

S. 94 – 97: Innere Handlung

Im Zentrum der Geschichte **Die eigene Leistung** von Irmela Wendt steht die Diktatsituation, die viele Kinder als bedrohlich empfinden.
S. 95: Die Aufgaben zielen vor allem auf die innere Handlung, also auf die Gedanken und Gefühle der Personen, die in der Geschichte von der Erzählerin nicht explizit dargestellt sind, aber von den SchülerInnen mithilfe von produktionsorientierten Aufgaben am Text ergründet werden können. Danach können auch die vorherigen Geschichten noch einmal mit Blick auf diesen erzähltheoretischen Schwerpunkt betrachtet werden. Vor allem **Der Sprung** und **Die Kreidestadt** bieten sich hier zur produktionsorientierten Bearbeitung an, um so die Leerstellen der inneren Handlung zu analysieren.
S. 96–97: In Matthias Heinrichs Geschichte **Das musste sein** geht es um den Trick eines Jungen, der gegenüber den Eltern vorgibt, für die Englischarbeit zu üben, in Wirklichkeit aber mit seinem Freund ein Fußballspiel besucht. Die Geschichte stellt nur die äußere Handlung dar; es bleibt eine Fülle von Leerstellen – die Gefühle der Eltern und des Sohnes –, die gefüllt werden können.

S. 98 – 101: Prisma

Das Prisma liefert weitere Texte zum Thema Gewinnen und Verlieren, die für einen Geschichtenabend verwendet werden könnten. Diese Texte können auch Grundlage für eine kreative Behandlung sein, sodass sie für den Vorleseabend verändert und verfremdet werden können.

Weiterführende Anregungen

Literaturhinweise

Haas, G./ Menzel, W./ Spinner, K.H.: **Handlungs- und produktionsorientierter Literaturunterricht**. In: Praxis Deutsch 123. Velber: Friedrich Verlag S. 17–25.

Brenner, Gerd: **Kreatives Schreiben**. Ein Leitfaden für die Praxis. Frankfurt a. M.: Cornelsen Scriptor 1990.

Fritzsche, Joachim: **Schreibwerkstatt**. Geschichten und Gedichte. Stuttgart: Klett Schulbuchverlag 1998.

Schuster, Karl: **Das personal-kreative Schreiben im Deutschunterricht**. 2. korr. Aufl. Hohengehren: Schneider 1997.

Waldmann, Günter: **Produktiver Umgang mit Literatur im Unterricht**. Grundriss einer produktiven Hermeneutik. Hohengehren: Schneider 1998.

Mögliche Klassenarbeit

Leer *Manfred Mai*

1. Die dicke Petra
steht allein
im Schulhof
mit einer Tüte
Bonbons in der Hand

2. Ein paar Mädchen
aus ihrer Klasse
kommen auf sie zu
und bleiben
neben ihr stehen

3. Sie verteilt
alle Bonbons
an ein paar Mädchen
aus ihrer Klasse

4. Die dicke Petra
steht allein
im Schulhof
mit einer leeren Tüte
in der Hand

Schreibe das Gedicht in eine Erzählung um, in der du vor allem auf Petras Gefühle eingehst. Verwende dabei treffende Adjektive.

Üben

S. 247 – 248: Umgang mit Erzähltexten

Das Thema Gewinnen und Verlieren wird beibehalten, aber in den neuen inhaltlichen Kontext der Verfolgung und Bedrohung durch Wölfe im Nordamerika der Trapper gesetzt. Analytische und produktionsorientierte Aufgaben beziehen beide Gehirnhälften ein: Es geht um Perspektivenwechsel, Empathie und ästhetisches Genießen durch die Erkenntnis der fiktionalen Konstruktion von Wirklichkeit.

Aufg. 1–3: Frederik Hetmanns Geschichte **Lass die Wölfe heulen** bietet sich zur Analyse des Erzählaufbaus an. Hier muss Gelerntes (S. 86–93 Schülerband) selbständig angewandt werden. Der Aspekt innere Handlung wird erneut thematisiert, um anschließend das Gelernte in einer eigenen Textproduktion anwenden zu lassen. Der Perspektivenwechsel verlangt dabei empathische Leistungen.

Mit der Geschichte **Haarsträubende List** desselben Autors soll das Gelernte auf einen Text angewandt werden, der mit seiner eigenen Fiktionalität spielt.

Aufg. 6–7: Die Verständniserarbeitung schafft die Voraussetzung für das ästhetische Genießen, das die Motivation für die anschließende Textproduktion hervorruft. Die Lerninhalte werden in einem sinnvollen Zusammenhang geübt, wodurch sie in ihrer Funktionalität erfahren werden. Das Gelernte wird so weiter vertieft und elaboriert.

S. 249 – 250: Spannend erzählen

Spannendes Erzählen ist nicht nur abhängig vom Erzählaufbau und von der Ausgestaltung der inneren Handlung, sondern auch von der Wortwahl. Dies soll anhand von Fritz Steubens Erzählung **Das gelbe Haar** gezeigt werden.

Aufg. 1–2: Die Aufgaben thematisieren als Aspekt des Erzählens einen scheinbaren Widerspruch: Einerseits wird die Geschwindigkeit des Erzählten den LeserInnen durch die Wahl Schnelligkeit evozierender Wörter vermittelt, andererseits werden aber kleinste Einzelheiten präzise geschildert. Dieser Widerspruch soll von den SchülerInnen dahingehend aufgelöst werden, dass die beabsichtigte Wirkung auf die LeserInnen dieses erfordert: Der Standort des Erzählers ist der von Nähe und Distanz zugleich. Die Lehrerfrage *Wo steht denn derjenige, der diese Verfolgungsjagd beobachtet und uns schildert?* kann die SchülerInnen zu dieser Erkenntnis führen.

Aufg. 3–4: Ein Mittel der Wortwahl ist der Einsatz passender Adjektive, dem die SchülerInnen nachgehen sollen. Hiermit wird an die Seiten 78–85 des Schülerbandes angeknüpft. Es sei auch verwiesen auf die Einführung des Adjektivattributs (S. 112–113) und auf die Seiten 49 und 55 im Lehrerband.

Eine schreckliche Entdeckung

Inhalt und Konzeption

Textgrundlage dieses Kapitels ist ein modernes Jugendbuch, das sich in fantastischer Weise mit der Vermischung der fiktiven Wirklichkeit der Romanfiguren mit einer von ihnen ursprünglich am Computer gespielten virtuellen Welt beschäftigt. Die schreckliche Entdeckung besteht darin, dass in der Realität der Kinder im Roman alle Erwachsenen über 15 Jahre verschwunden sind – genau wie im Computerspiel. Aus einem Spiel ist also Realität geworden! Die Aufgabe der jugendlichen Figuren, sich zu behaupten und ihre Stadt zu retten, sollte die SchülerInnen ansprechen; durch die von den Romanfiguren durchgeführte Analyse der jeweiligen Situation werden sie in das Geschehen mit einbezogen und können so selbstständig am Text handeln. Die Romanfiguren führen die SchülerInnen auch in den Umgang mit Texten ein.
Der Schwerpunkt der Aufgaben dieses Kapitels ist aber grammatischer Art:
Es ergibt sich eine Reihe von Möglichkeiten, **Adverbialien** und **Präpositionen** einzuführen, die zu einer genauen Beschreibung von Situationen erforderlich sind. Das Gleiche gilt für das Adjektivattribut: Die jeweilige Romansituation macht die Einführung einsichtig.
Der Satzgliedcharakter der Adverbialien wird durch die Umstellprobe deutlich gemacht.
Aber auch Aufgaben zu anderen Lernbereichen werden gestellt:
Verschiedene Textsorten werden produktiv ausprobiert (z. B. Lautsprecheraufruf, Brief) und erste Schritte zur Charakterisierung der **Eigenschaften** von Romanfiguren angeregt: So sollen Eigenschaftskarten angelegt werden, mithilfe szenischer Gruppierung und szenischen Lesens soll die jeweilige Vorstellung von den Romanfiguren ausgedrückt werden. Schließlich wird die Wirkung auf die LeserInnen thematisiert.
Im **Prisma** sollen die SchülerInnen durch Analyse und Eigenproduktion einer Geschichte das in diesem Kapitel Vermittelte anwenden. Dazu ist der geplante Reigen von Geschichten mit bekannten Figuren wie Micky Maus oder Asterix eine Möglichkeit, viele in der Klasse einzubeziehen.

Das Kapitel im Überblick

Ergänzungen; Adverbialien

Auf vielfältige Weise werden die Adverbialien eingeführt. Dies geschieht im Zusammenhang mit der Entdeckung der Kinder, dass alle Erwachsenen verschwunden sind.

Mit Texten appellieren

Aus der Situation der Geschichte heraus ergibt sich die Notwendigkeit appellativer Texte.

Das Adverbial als präpositionaler Ausdruck; Präpositionen

Ausgehend von der Tatsache, dass Adverbialien oft präpositionale Ausdrücke sind, werden die Präpositionen eingeführt.

Attribute

Am Beispiel des Adjektivattributes wird das Attribut als Mittel der genaueren Bestimmung von Nomen eingeführt. Dies dient der genaueren Beschreibung von Personen und Sachverhalten.

Konsonantenverdoppelung; ck; ck/ss

Ausgehend vom Phänomen der Konsonantenverdoppelung nach kurzem Vokal wird im Zusammenhang mit *ck* die Kompositabildung und -schreibung und die Trennung bei verdoppelten Konsonanten besprochen.
Dann wird die Schreibung mit *ss* und *ß* erarbeitet.

Personen haben Eigenschaften; Rollen übernehmen und spielen

Figuren in Geschichten haben Eigenschaften. Analytisch und spielerisch soll dem nachgegangen werden – mit der Erstellung von Eigenschaftskarteikarten, der Verwendung von Komparativ und Superlativ und der Erprobung einer szenischen Gruppierung.

Den Leser fesseln

Die Konstruktion von Kapitelschlüssen in Verbindung mit der Schilderung von Innensicht und Außensicht der Figuren führt zu einem Mittel der Spannungserzeugung.

Prisma

Die Analyse und Produktion von Erzähltexten soll Gelegenheit geben, genaues und treffendes Erzählen zu üben und dabei das Gelernte anzuwenden.

Üben

Hier bietet sich die Möglichkeit, das grammatische Wissen dieses Kapitels in einem neuen Kontext – Don Quichotte und Sancho Pansa – zu festigen.

Methodisch-didaktische Erläuterungen

S. 102 – 108: Ergänzungen; Adverbialien

Unter diese Kolumne fallen drei Unterkapitel mit ihren Aufgaben. In der folgenden Tabelle ist die Verteilung der Aufgaben nach Lernbereichen dargestellt:

		Sprechen und Schreiben	Umgang mit Texten	Nachdenken über Sprache
Los geht's (S. 102–103)	Aufgaben	1, 2	1, 4	3, 4
In einer Geisterstadt (S.104–107)	Aufgaben	1, 3, 6, 7	1, 3, 6, 7	2, 4, 5, 8, 9
Von Level 1 zu Level 2	Aufgaben			1

Die Aufgaben zu den Lernbereichen sind entsprechend der integrierten Konzeption des Lehrwerkes miteinander verwoben. So werden Aufgaben gestellt, die sowohl textanalytischer wie produktiver Art sind. Die grammatischen Aufgaben erwachsen aus der textanalytischen Arbeit.

S. 102–103: Aufg. 1–2: In dem ersten Auszug **Los geht's** aus Andreas Schlüters Jugendroman **Level 4 – Die Stadt der Kinder** soll nach der Informationsentnahme aus dem Erzähltext die gewonnene Information mit dem eigenen Erleben kontrastiert werden.

Aufg. 3: Die erzählte Figur Ben sucht rasch nach der Erklärung für eine überraschende Beobachtung. Welche Möglichkeiten der Erzähler hat, Schnelligkeit auszudrücken, soll analysiert werden. Der Begriff *Ergänzungen, die Tätigkeiten näher bestimmen*, wird eingeführt, damit der Blick von Schnelligkeit ausdrückenden Verben *(stürmen)* weggelenkt wird hin zu den Adverbialien.

Aufg. 4: Ergänzungen im Text, die Tätigkeiten genauer bestimmen:
Zeile 1: Fast zwei Stunden; *Zeile 2:* Allmählich, voll gepackt (ein Problem sind die folgenden Präpositionalobjekte, die noch nicht eingeführt sind); *Zeile 8:* erst jetzt; *Zeile 9:* noch nie; *Zeile 12:* am Anfang der Straße; *Zeile 14–15:* in Windeseile, hinaus; *Zeile 16:* an der Straßenkreuzung; *Zeile 21:* mitten; *Zeile 21–22:* Bei manchen; *Zeile 24–25:* mutterseelenallein, auf der Kreuzung, mehrmals; *Zeile 26:* in alle Richtungen; *Zeile 22–23:* vor knapp zwei Stunden, bei ihm; *Zeile 29:* gemeinsam; *Zeile 30–31:* innerhalb der letzten beiden Stunden; *Zeile 32:* zum Glück; *Zeile 34:* Sturm.

S. 104–107: Aufg. 1, 3, 6, 7: Diese Aufgaben zu dem Unterkapitel **In einer Geisterstadt** knüpfen an die Romansituation an. Die SchülerInnen werden aufgefordert, sich in die Romanfiguren hineinzuversetzen, die Situation zu beschreiben und Vorschläge für deren weiteres Vorgehen zu machen. Auf diese Weise wird sowohl eine gewisse Nähe zur Handlung erreicht als auch die nötige Distanz für eingreifendes Lesen geschaffen.

Aufg. 2, 4, 5, 8, 9: Die Aufgaben nutzen die genaueren Bestimmungen des Textes, um durch deren Untersuchung Funktion und Leistung von Adverbialien in Texten zu verdeutlichen und ihre Identifizierung und Einordnung zu ermöglichen. Der Weg geht also von der Erkenntnis der Funktion zur Fähigkeit des Findens und Einordnens.

Aufg. 2: Die Lücken im Übungstext **Auf Spurensuche** werden durch Adverbialien des Ortes gefüllt:
Die vier Kinder liefen hinaus *auf die Straße*. Noch immer standen *überall* Autos herum. Keines fuhr. *Auf der gegenüberliegenden Straßenseite* gab es eine Pizzeria. Frank wusste, dass die bis spät in der Nacht geöffnet hatte. Er lief *hinüber* und sah hinein. Niemand war zu sehen. *Aus dem Backofen* quoll schwarzer Rauch. [...] „Total verkohlt", stellte Miriam fest und meinte damit eine Pizza, die *im Backofen* lag. [...] *Auf den Tischen der Pizzeria* lagen angebissene Pizzas, halb leer getrunkene Gläser, auf manchen sogar einige Geldscheine. „*Hier* sieht's aus, als hätte jemand plötzlich alle Leute weg gezaubert." Die Kinder sahen sich entsetzt an. „Kommt, wir schauen mal *in den nächsten Laden*", schlug Miriam vor. Alle vier rannten *nach nebenan in den Friseurladen. An einem Waschbecken* lief warmes Wasser *aus dem Hahn. Auf dem Fußboden* lagen Haare verstreut. [...] Eine Trockenhaube pustete unermüdlich heiße Luft *in den leeren Raum*. Auch *hier* war kein Mensch zu sehen.
S. 108: Aufg. 1: In der ersten Aufgabe zu dem Kapitel **Von Level 1 zu Level 2** wird die Umstellprobe benutzt, um den Satzgliedcharakter der Adverbialien deutlich zu machen: **Gegenseitig** müssen sich die Kinder im Computerspiel helfen.
(Auf S. 261 im Übungsteil des Kapitels IM ZIRKUS wird die Umstellprobe systematisch eingeführt; darauf kann hier zurückgegriffen werden.)

S. 109: Mit Texten appellieren

Aufg. 2, 4: Der kolloquiale Text in der Sprechblase eignet sich nicht für den Aufruf, in die Schule zu kommen, da präzise Informationen fehlen. Die Umformulierung sollte in Hinblick auf imperativische Konstruktionen, einfache Aufforderungssätze und in kurzen Aussagesätzen formulierten Informationen erfolgen. Wenn diese Fachbegriffe verwendet werden sollen, sei auf S. 144 (Imperativ) und S. 146 (Satzarten) verwiesen, ebenso auf den Teil NACHSCHLAGEN.
Aufg. 5: Der Brief hat ebenfalls appellativen Charakter, weil ja Vorschläge gemacht werden sollen. Für eine Auseinandersetzung mit der Briefform sei auf S. 27 verwiesen. Wenn die imperativischen Formen thematisiert werden sollen, finden sich auf S. 143–145 Anregungen; außerdem sind die Übungen auf S. 259–260 hierzu geeignet.

S. 110 – 111: Das Adverbial als präpositionaler Ausdruck; Präpositionen

Aufg. 2, 4: Die Aufgabe, die Informationen des Bildes in eine korrekte schriftsprachliche Form zu bringen, schult sowohl die Wahrnehmungsgenauigkeit als auch die Beherrschung entsprechender sprachlicher Formen. Die Aufmerksamkeit wird dabei auf die Präpositionen als Teil von Adverbialien des Ortes gelenkt, wie folgende Beispielsätze zeigen:
Das Futter für die Kamele befindet sich zwischen Baum und Mauer.
Das Futter für die Giraffen hängt an der Seite des Giraffenhauses.
Das Heu für den Steinbock liegt in der Futterkrippe.
Fleisch und Knochen für die Löwen findet ihr rechts vom Löwenvater.
Das Fressen für die Geier liegt auf dem Boden des Käfigs.

S. 111: Aufg. 5: Das Spiel mit den Präpositionen ist auch mit Folienstreifen in Einzel- oder Partnerarbeit (Tandem) zu realisieren. Die Texte dieses Kapitels mit ihren Adverbialien sind gut geeignet, die Kinder die verschiedensten Präpositionen suchen zu lassen.
c): Die Adverbialien wechseln den Kasus, wie man an den Artikeln erkennen kann, weil die Präpositionen sowohl für Richtungs- als auch für Ortsangaben verwendet werden. Indem das jeweilige Kasusregiment bewusst gemacht und geübt wird, kann das Erfragen von Adverbialien unterstützt werden. Bei der Suche nach Präpositionen in Texten sollte an dieser Stelle darauf geachtet werden, dass Präpositionalobjekte nicht berücksichtigt werden, da erst die Adverbialien sicher verstanden sein wollen (auf die Präpositionalobjekte wird in Band 5 verzichtet).

S. 112 – 113: Attribute

Zur genauen Beschreibung von Personen, Tieren oder Sachverhalten benötigen die SchülerInnen das Attribut. In Band 5 wird das Adjektivattribut eingeführt. Die Schwierigkeit der Unterscheidung zwischen der Wortart Adjektiv und dem Satzgliedteil Attribut sollte bei der Einführung antizipiert werden. Manchen Kindern reicht der Begriff Adjektivattribut oder adjektivisches Attribut schon aus; vielen aber muss der Unterschied auf andere Weise verdeutlicht werden. Der Satz

Langsam trottete das traurige Lama zu den beiden Jungen.

enthält das Adjektiv *langsam* in der Funktion eines Adverbials der Art und Weise. Die Vertauschung innerhalb dieses Satzes, die auf S. 252 in ÜBEN vorgenommen wird, kann hier zum Verständnis helfen.
Aufg. 12: Die Umstellprobe ist nicht durchführbar. Das Attribut *traurig* ist kein selbständiges Satzglied.
S. 113: Die Aufgaben dienen wieder textanalytischen Fertigkeiten. Die Doppeldeutigkeit im Sprachgebrauch von *Schaf* und *Schwein* ist leicht als Ursache der Missverständnisse zu verstehen, es sollte aber darauf geachtet werden, dass dies möglichst präzise formuliert wird.

S. 114 – 117: Konsonantenverdoppelung; ck; ck/ss

Zur Konsonantenverdoppelung sei einleitend auf die Seite 218 und die Seiten 274–276 im Übungsteil verwiesen.
Die Kinder sollten wissen:
dass der Vokal vor verdoppeltem Konsonanten kurz ist;
dass durch Rechtschreibsprache (siehe S. 201 des Schülerbandes) die Verdoppelung hörbar ist *(es-sen)*;
dass die Trennung zwischen den beiden Konsonanten erfolgt, Ausnahme *ck*;
dass *ss* nach kurzem Vokal steht, *ß* nach langem Vokal;
dass Vorsilben wie z. B. *miss-* die Bedeutung des Grundwortes verändern.

S. 115: Aufg. 1:		Glückspilz, Glücksklee, Glücksschwein (siehe Illustration), Glückspfennig, Glückskind, Glücksgefühl, Glücksritter, Glücksspiel ...
Aufg. 2:	Adjektive:	glücklich, glückhaft, unglücklich, glücksstrahlend, glücklos, glückselig, glücklicherweise ...
	Verben:	glücken, verunglücken, missglücken ...

Aufg. 4: E-cken, Fle-cken, re-cken, de-cken; Flo-cken, tro-cken, lo-cken, ro-cken; pflü-cken, Rü-cken, drü-cken, Mü-cken

S. 118 – 120: Personen haben Eigenschaften; Rollen übernehmen und spielen

Eine neue Romanfigur – Thomas – wird eingeführt. Dies wird dazu genutzt, die Charakterisierung von Personen im Erzähltext nochmals zu üben. Mit dem Mittel der Eigenschaftskarte sollen die Kinder die unterschiedlichen Aussagen über Thomas sammeln. Es empfiehlt sich, um diese Charakterisierung auf festere Beine zu stellen, die Kinder solche Karten auch für die anderen Romanfiguren anfertigen zu lassen, sodass sich mit neuen Textauszügen auch die Eintragungen auf diesen Karten vervollständigen.
An die auf S. 85 eingeführten Begriffe Komparativ und Superlativ wird angeknüpft, um diese als Mittel der Beschreibung von Personen und Sachen in Erzähltexten in Erinnerung zu bringen (auf die Unterscheidung Elativ – Superlativ wird in diesem Band verzichtet).
S. 119: Aufg. 5: Die szenische Gruppierung als eine Vorform des Standbildes kommt aus der Moderationsmethode. Mit ihr ist linear Nähe und Ferne auszudrücken, aber auch zweidimensional im Raum Beziehungen von Sachen und Personen zueinander darzustellen (siehe Ingo Scheller: Erfahrungsbezogener Unterricht. Königstein/Ts.: Scriptor 1981. S. 77 f. und viele andere Veröffentlichungen. I. Scheller übernahm die Idee des Standbilds von A. Boal. Theater der Unterdrückten. Frankfurt a. M.: Suhrkamp 1979).
S. 120: Aufg. 1: Der fehlende Name ist Thomas, siehe Text S. 118.

S. 121: Den Leser fesseln

Der Blick der SchülerInnen wird hier auf das strukturelle Phänomen der Spannungserzeugung an Kapitelenden gelenkt. Hierbei ist es sinnvoll, an Bekanntes anzuknüpfen, z. B. an die Gestaltung von Episodenschlüssen in Fernsehserien, Comics u. Ä., und deren Funktion erörtern zu lassen.
Zusätzlich werden unterschiedliche Mittel des Erzählers deutlich gemacht, Personen zu charakterisieren: Außensicht und Innensicht. Auch wenn hier die erzähltheoretischen Begriffe nicht fallen müssen – *innere Handlung* wurde allerdings auf S. 95 eingeführt – sollte den Kindern das Phänomen klar werden.
Die Zeilen 11–14 im ersten Text und 25–30 im zweiten sind hier gut einander gegenüberzustellen.

S. 122 – 123: Prisma

In der Geschichte ohne Schluss **Der kleine Grieche** verselbständigt sich die Sprache. Die Fantasie des Jungen bemächtigt sich ausdrucksstarker Sprachelemente, um damit eine Geschichte zu erzählen, wobei der Wahrheitsgehalt aus der Wahrheit der Sprache kommt und nicht aus der Wahrheit des Erzählten.
Aufg. 1: Das Weitererzählen und Finden eines Schlusses gibt Gelegenheit, das in diesem Kapitel Gelernte auf einen eigenen Text anzuwenden.
Aufg. 2: Es werden Verben, Adjektive und Adverbialien genannt, aber die Aufgabe kann natürlich erweitert werden um möglichst viele Präpositionen und die Formulierung appellativer Teile.

Aufg. 3: Der Reigen als Erzählprinzip ist aus didaktischen Gründen gewählt worden: Zum einen zwingt die Koppelung nicht zueinander gehörender Figuren die Kinder zu einer Reise in die Welt der Fantasie, dabei aber den Konturen der allen bekannten Figuren folgen müssend; zum anderen ergibt das Einhakprinzip (1. Figur und 2. Figur – 2. Figur und 3. Figur ...) die Möglichkeit, viele SchülerInnen allein oder gruppiert zu aktivieren. Auch die Vortragsphase dieser Einheit wird die SchülerInnen motivieren.
Voraussetzung für dieses Unternehmen ist aber die Vergewisserung, dass die Figuren wirklich bekannt sind. Dies kann in einem Unterrichtsgespräch geschehen.
Im Folgenden eine Aufstellung möglicher Figuren:

Micky Maus, Tick, Trick und Track (als Einheit), Dagobert Duck, Daisy Duck ...
Asterix, Obelix, Miraculix, Majestix, der Barde ...
Pippi Langstrumpf, Ronja Räubertochter, Karlson vom Dach ...
Lucky Luke, Jolly Jumper (Luckys Pferd), die Daltons (Joe, Averell ...) ...
Hägar der Schreckliche, Hamlet, Honi (Sohn und Tochter, siehe S. 132–133) ...
Superman, Batman, Supergirl ...

Weiterführende Anregungen

Mögliche Klassenarbeit

(Der Text schließt unmittelbar an den von S. 113 im Schülerband an.)

Hannes rannte zurück zum Wasserschlauch, drehte ihn mit einer Handbewegung auf und hielt den vollen Strahl auf Norbert. Der jaulte und kreischte und versuchte auf allen vieren auf dem sandigen und immer matschiger werdenden Boden vor dem unerbittlichen Wasserstrahl zu fliehen. Aber Hannes verfolgte ihn gnadenlos.
„Was ist denn hier los?“, fragte Peter, der mit einem Metalleimer in der Hand vorbeikam. „Norberticus Schlammus“, antwortete Hannes kichernd. „Auch genannt: der gemeine Schlammkriecher. Ich dusche ihn gerade!“ Peter fand das gar nicht so lustig wie Hannes. Schließlich war Norbert einer seiner Kameraden in der freiwilligen Feuerwehr, was Hannes allerdings nicht wusste. Peter jedenfalls fand, jetzt müsse er seinem Feuerwehrkumpel beistehen, und stülpte Hannes den Metalleimer über den Kopf.
Dem fiel der spritzende Schlauch aus der Hand, machte sich aufgrund des Wasserdrucks wie eine wild gewordene Schlange selbständig und duschte mitten durch den Zaun die Lamas ab. Laut blökend vor Aufregung sprangen die Tiere durchs Gehege, Hannes torkelte blind über den Sandweg, versuchte zu schreien, blubberte aber nur komische Geräusche in den Metalleimer und schaffte es endlich, sich die lästige Kopfbedeckung herunterzureißen.
„Was ist das denn?“, kreischte er, während er unablässig auf den Weg spuckte. „Hannes Stinkus“, antwortete Peter. „Auch bekannt unter: der gemeine Stinker. Wir haben nämlich gerade den Affenkäfig ausgemistet.“

(Aus: Andreas Schlüter: Level 4 – Die Stadt der Kinder. Berlin, München: Altberliner Verlag 1994. S. 204 f.)

1. **Schreibt je ein Beispiel aus dem Text heraus für ein Lokal-, Temporal-, Modal- und Instrumentaladverbial. Belegt eure Entscheidung, indem ihr nach den Adverbialien fragt.**
2. **Schreibt den Text ab und lasst dabei alle Adjektivattribute weg. Erläutert an Beispielen, wie sich Verständlichkeit und Wirkung des Textes ändern.**
3. **Lasst im Satz in den Zeilen 14–17 alle Adverbialien weg und erläutert das Ergebnis.**

Üben

In den Übungen zu diesem Kapitel geht es um das Adverbial und das Adjektivattribut, die auf den Seiten 102–111 und 112–113 behandelt werden.
Mit den Texten aus Erich Kästners **Don Quichotte** wird den SchülerInnen ein neuer inhaltlicher Kontext geboten, der für Variation und Motivation sorgen soll. Dies ist ein erster Schritt hin zu variantenreichen Übungsformen, die sinnvolles, elaborierendes Üben ermöglichen sollen (vgl. Walter Edelmann: Lernpsychologie. Weinheim, Basel: Beltz Verlag 1996. S. 407).

S. 251: Adverbialien

Aufg. 1: Die Adverbialien sollen selbständig gefunden – der Hinweis auf die Erfragung fehlt bewusst – und voneinander unterschieden werden.
Es sei auf einige Schwierigkeiten hingewiesen:
auf den Viehtrog neben dem Brunnen: Da die SchülerInnen das präpositionale Attribut nicht kennen, sollte die ganze Wendung als Lokaladverbial eingeordnet werden.
das war gut so: gut so sollte als Teil des Prädikats aufgefasst werden.
Aufg. 2: in seine Rüstung, *dicken, allerlei,* mit dem Schwert, feierlich, anschließend, auf die Rosinante, *Gelächter,* Eseltreiber, endlich, *richtiger.*
(Die *kursiv* markierten Wörter sollen die Kinder von den Adverbialien unterscheiden.)

S. 252: Attribute

Der Übungscharakter des Beispielsatzes *Langsam trottete das traurige Kamel zu den beiden Jungen* besteht darin, das Adjektivattribut vom Adverbial zu unterscheiden und zu verstehen, was Adjektivattribut und Adverbial jeweils leisten.
Mit der Fortsetzung des Textes **Dulzinea von Toboso** sollen sich die SchülerInnen im neuen Don-Quichotte-Kontext bewegen und durch Setzung von Adjektivattributen deren Wirkung erkennen. Bei der Produktion eines eigenen Textes sollen sie den aktiven Gebrauch von Adjektivattributen und Adverbialien üben. Dabei geht der Übungseffekt über das Grammatische hinaus: Ein Text muss verstanden werden, damit er fortgesetzt werden kann.

S. 253: Mit Adverbialien umgehen

Die Aufmerksamkeit der SchülerInnen soll auf die Tatsache gelenkt werden, dass Betonung und Stellung der Adverbialien im Satz Auswirkungen auf das Verständnis haben. Hiermit soll die Funktionalität grammatischer Betrachtung deutlich werden.
Aufg. 4: z. B.: ausnahmsweise, wieder, Fußball-, Handball-, nicht ...
Der konstruierte Unsinnstext **Die zerstreute Majestät** stellt die SchülerInnen vor die Aufgabe zu erkennen, dass unterschiedliche Adverbialien innerhalb eines Satzes nicht auf das gleiche Verb bezogen werden können. Dadurch ergibt sich auch eine Sensibilisierung für die unterschiedliche Leistung gleicher Präpositionen (siehe auch S. 110–111). Das zu Übende wird hier dadurch variiert, dass auf motivierende Weise die erste Sicherheit im Umgang mit den Adverbialien infrage gestellt wird. Der neue Kontext muss in seiner Verbindung zum Lernkontext begriffen werden, und auf diese Weise wird das zu Lernende im Üben weiter ausgearbeitet (vgl. Walter Edelmann: Lernpsychologie. Weinheim, Basel: Beltz Verlag 1996. S. 407).

Adverbialien mit gleichem Bezugsverb:
in Gedanken, in seinem Schlafzimmer
am Hochzeitstag, am besten
in ständiger Hetze, in seinem Königreich
mit Geduld, mit mir
mit Geduld, mit niemandem
mit dem Fuß, mit dem Prinzen
mit viel Mühe, mit seinem Kammerdiener
Unter ständigem Ächzen und Stöhnen, unter seinem Bett
in seiner Zerstreutheit, in seinem Nachttopf

S. 254: Personen haben Eigenschaften

Die Anlage von Eigenschaftskarten zu **Sancho Pansa** ist ein Hilfsmittel bei der Einführung textanalytischer Verfahren. Die Verbindung zum vorigen besteht darin, dass Eigenschaften durch Adjektivattribute ausgedrückt werden. Die SchülerInnen erkennen aber auch, dass die Sprache viele andere Möglichkeiten hat, Personen zu beschreiben.

Mit Sprache spielen

Inhalt und Konzeption

SchülerInnen bringen eine ganze Reihe von Erfahrungen mit Spielen mit. Auch können sie mit Sprache spielen; Sprachspiele sind ihnen z. B. aus der Werbung vertraut. Ausgehend von diesen Erfahrungen sollen sie zum kreativen, spielerischen Umgang mit Sprache hingeführt werden, der jedoch zu einem bewussteren Umgang mit Sprache führen soll.

Durch das Hineinversetzen in eine Figur – in eine fremde Rolle – und durch den Hinweis auf mimische Möglichkeiten im Spiel werden grundlegende Aspekte des Rollenspiels und des gestaltenden Spiels herausgearbeitet. Indem – wie in dem Gedicht **Unsinnverse** – sprachliche Bedeutungen verfremdet werden, wird die Bedeutung nichtsprachlicher Elemente besonders deutlich.

Dialoge führen ist eine wichtige Fähigkeit, die im Deutschunterricht zu üben ist. Um die Struktur von Dialogen besonders deutlich herausarbeiten zu können wird von **fremden Rollen** ausgegangen. Bei der schriftlichen Fassung von Dialogen ist die Kennzeichnung der wörtlichen Rede eine wichtige Aufgabe.

In der deutschen Gegenwartssprache spielen Abkürzungen eine große Rolle. Durch spielerisches Erfinden von Abkürzungen sollen SchülerInnen für die Struktur von Abkürzungen sensibilisiert werden. Auch ist ihnen aus Werbezetteln, Firmennamen u. Ä. (Intercity Restaurant, BrillenLaden, Buch-Laden) bekannt, dass mit schriftsprachlichen Konventionen kreativ umgegangen wird. Solche Beispiele aus der alltäglichen Umwelt können herangezogen werden, wenn es um die Bedeutung der Wortlücken geht und wenn die Silbentrennung behandelt wird.

Im **Prisma** spielt die *Mindmap* eine hervorragende Rolle, die hier als Instrument dient, Dialoge zu entwickeln. Die SchülerInnen sollen sich auch der Problematik eines gemeinsamen Schreibprozesses bewusst werden: In Gruppen erstellte Dialoge können in einem Textbuch zusammengestellt werden; dafür sind Bearbeitungsprozesse der einzelnen Dialoge erforderlich. Das Karton-Theater bietet die Möglichkeit, einzelne Szenen eines Textbuches in einem realisierbaren Format nachzustellen. Die handwerkliche Konzentration auf einzelne Szenen kann auch dazu anregen, diese sprachlich noch einmal zu bearbeiten.

Das Kapitel im Überblick

In fremde Rollen schlüpfen

Die SchülerInnen sollen ungewöhnliche (künstlerische) Wortbildungen als sinnvoll erkennen und sich mit sprechenden Namen auseinander setzen.

Fremde Rollen gestalten

Die SchülerInnen sollen ausdrucksvolles Sprechen üben, im Vortrag Gefühle ausdrücken lernen und zu sprachlicher Kreativität angeregt werden.

Dialoge erfinden; s-Laute

Die SchülerInnen lernen, Dialoge zu erfinden, zu führen und aufzuschreiben; dabei setzen sie sich an einem vorgegebenen Text mit der s-Laut-Schreibung auseinander.

Dialoge führen; Dialoge aufschreiben

Die SchülerInnen sollen Dialoge zu vorgegebenen Situationen erfinden, die dann aufgeschrieben werden können. Hierzu erhalten sie Anregungen durch Bildergeschichten.

Sprechende Namen; Abkürzungen entschlüsseln

Die SchülerInnen lernen, dass es sprechende Namen gibt und dass Abkürzungen ein wichtiges schriftliches Mittel sind, Sprache zu gestalten. Die SchülerInnen sollen hier lernen, nach welchen Prinzipien abgekürzt wird. Auch sollen sie selbst spielerisch Abkürzungen entwickeln.

Silben trennen; Wortlücken

Die SchülerInnen lernen die Möglichkeiten der Silbentrennung kennen. Sie setzen sich dann experimentell mit den Wortlücken auseinander, dabei werden sie auch die Groß- und Kleinschreibung und die Zeichensetzung berücksichtigen.

Prisma

Ausgehend von einem Text über die Reise des Kolumbus' lernen die SchülerInnen das Anfertigen einer *Mindmap*. Ein Textbuch wird erstellt, das Anfertigen eines Kartontheaters gelernt. Eine Kooperation mit dem Kunstunterricht ist sinnvoll.

Üben

Das Spiel mit der Sprache enthält viele Übungseffekte: von der Erkenntnis notwendiger Regelhaftigkeit auch von Unsinnstexten über das bewusste, auch manierierte Rezitieren von Texten bis zum Verstehen semantisch unkonventionalisierter, aber onomatopoetisch eingängiger Verse.

Methodisch-didaktische Erläuterungen

S. 124 – 126: In fremde Rollen schlüpfen

Zunächst sollen die SchülerInnen sich in eine fremde Rolle hineinversetzen. Lernen verläuft oft unkomplizierter, wenn die bearbeiteten Inhalte und die Rollen, die von SchülerInnen übernommen werden sollen, nicht unmittelbar persönlich betroffen machen. Dies wird durch die Doppelseite zum Einstieg in dieses Kapitel sichergestellt. Sie kann auch dazu genutzt werden, um eigene Szenarien zu erfinden, die dann ausgestaltet werden können:
Was finden wir auf dem Dachboden eines längst verstorbenen Puppenspielers? Was findet ein Tier vor, das einen verlassenen Bau bezieht?
S. 125: Auf der zweiten Seite ist dann der Titel der Doppelseite illustriert. Er kann dazu anregen, weitere ungewöhnliche Wörter und Namen zu bilden. Ziel ist es, dass die SchülerInnen Texte verfassen, die aus der Sicht einzelner ungewöhnlicher Schuhe oder eigener Schuhe geschrieben sind. Dabei sollte vor der Aufgabenstellung geklärt werden, ob die Geschichten aus der Sicht eines Ich- oder Er-/Sie-Erzählers geschrieben werden sollen.
S. 126: In dem Gedicht von Jürgen Spohn wird nur mit sprechenden Namen operiert. Bei der Bearbeitung sollte darauf geachtet werden, dass der eventuelle Wunsch, SchülerInnen der Klasse mit ent*sprechenden* Namen zu belegen, keine problematische Eigendynamik entwickelt. Zu einem späteren Zeitpunkt kann die Klasse noch einmal auf das Gedicht zurückkommen, um die Namen in ihre Bestandteile zu zerlegen, die dann nach ihrer Wortartenzugehörigkeit klassifiziert werden können.

S. 127 – 129: Fremde Rollen gestalten

S. 127: Zur Gestaltung einer Rolle gehört eine entsprechende Mimik. Der Text von Rosemarie Künzler-Behncke macht sehr viele Aspekte der Mimik bewusst. Die zweite Aufgabe kann auch so variiert werden, dass einzelne SchülerInnen sich eine Zeile heraussuchen und die anderen raten müssen. Entsprechende weiterführende Übungen zur Gestik und zur Intonation sind denkbar.
S. 128: **Alles Theater** schließt sich daran an: Es geht um ausdrucksvolles Sprechen. Es wird vermutlich deutlich, dass ausdrucksvolles Lesen große Schwierigkeiten machen kann. Deshalb müssen SchauspielerInnen und Gedicht-RezitatorInnen ihre Texte auswendig lernen.
Bei dem Gedicht **Unsinnverse** von Wolfgang Menzel benötigen die SchülerInnen zunächst eine längere Zeit, in der sie sich in Stillarbeit mit dem Text auseinander setzen können. Sie sollten dabei auch überlegen, ob es sich wirklich um Unsinn handelt, oder ob sie den Inhalt entschlüsseln können. Deutlich werden sollte, dass die erste Strophe eine Anweisung enthält, wie die folgenden gelesen werden sollen.
S. 129: Werbung ist ein bekanntes Mittel, um Menschen in fremde Rollen schlüpfen zu lassen. Sie sollen sich – *immer öfter* – in die ProtagonistInnen hineinversetzen und so Interesse für das Produkt entwickeln. Durch **Schick** & **Schund** kann dies in spielerischer Auseinandersetzung und durch eigene Produktionen karikiert werden. Eine interessante Fortführung könnte die Produktion eines Werbespots auf Hör- oder Videokassette sein.

S. 130 – 131: Dialoge erfinden; s-Laute

Seltsame Begegnungen soll die SchülerInnen anregen, selbst Dialoge zu erfinden. KONTEXT DEUTSCH geht dabei von klassischen Figuren aus. Im Unterricht können aktuelle Figuren wie Sport-, Musik-, Film- und Fernsehstars herangezogen werden.
Eine spezielle Form des Dialogs ist das Interview, in dem ein Partner sich sorgfältig auf seine Fragen vorbereiten kann, die der andere dann spontan zu beantworten hat. Wird eine Aufgabe in dieser Richtung angeschlossen, so sollte darauf hingewiesen werden, dass gedruckte Interviews in aller Regel vom Interviewten vorher gelesen, korrigiert und zum Abdruck freigegeben werden.
Das Wundertüten-Spiel ist eine Art Zufallsgenerator, der die SchülerInnen davon befreit, sich rechtfertigen zu müssen, weshalb sie eine bestimmte Situation mit bestimmten Figuren gewählt haben. Wenn sie dann aber die Karten gezogen haben, müssen sie sehr schnell gedanklich reagieren und die Situation gestalten. Nach einiger Übung kann dies Spiel auch als Schreibanlass dienen.
Dialoge erfinden können die SchülerInnen auch unter formalen Gesichtspunkten. In **Toll Tarzan – einfach Spitze** geht es um die *s*-Laute, wobei auf die Seiten im ÜBEN: Rechtschreibung lernen und untersuchen (S. 271–283) Bezug genommen werden kann. Ein anderes mögliches Prinzip wäre, dass in jedem zweiten Wort ein *i* zu hören sein muss.

S. 132 – 133: Dialoge führen; Dialoge aufschreiben

Eine Wikingerfamilie soll die SchülerInnen anregen, Dialoge zu führen und dabei die intonatorischen, mimischen und gestischen Elemente, die sie vorher kennen gelernt haben, anzuwenden. Werden die Dialoge aufgeschrieben, soll besonders auf die Zeichensetzung bei wörtlicher Rede geachtet werden. Bildergeschichten sind hierfür besonders gut geeignet, da die Bilder gleichsam den Begleitsatz ersetzen. Es sollte dazu aufgefordert werden, selbst nach kurzen Bildergeschichten Ausschau zu halten, die in diesem Zusammenhang geeignet sind. Alternativ könnten auch Bildergeschichten eingesetzt werden, die keine Sprechblasen enthalten, in denen die wörtliche Rede also ebenfalls durch das Bild ausgedrückt wird.
Fragen über Fragen *(Wann ist eigentlich* **früher***?)* soll zunächst Anreiz geben, ähnliche Fragen zu formulieren, die scheinbar Selbstverständliches thematisieren. Es können Fragepronomen gesammelt werden. Die Fragen können aber auch zum Anlass genommen werden, eigene Dialoge zu entwickeln. Eine interessante Variante wäre auch ein skurriles Expertengespräch.

S. 134 – 135: Sprechende Namen; Abkürzungen entschlüsseln

Die SchülerInnen konnten sich in diesem Kapitel (auf S. 126) schon mit sprechenden Namen auseinander setzen. Hier sollen sie selbst welche erfinden. Hilfreich ist sicherlich, wenn einige aus der Klasse Theaterprospekte u. Ä. mitbringen, damit sie möglichst viele Anregungen bekommen. Interessant zu behandeln wäre auch die Frage, ob es am Theater Berufe gibt, die nicht für eine Aufführung angekündigt werden.
Die Fragestellung ist auch auf die Produktion eines Filmes auszudehnen, indem ein Abspann so verzögert gezeigt wird, dass Notizen gemacht werden können. Die SchülerInnen können die Informationen, die ein solcher Abspann (evtl. in Verbindung mit dem Vor-

spann) enthält, mit den Informationen in verschiedenen Fernsehprogrammen oder Filmankündigungen vergleichen.
Abkürzungen begegnen uns überall; sie sind zentraler Bestandteil vieler Fachsprachen: O-Saft, T-Shirt, X-Beine, PC, ABC, USA, UNESCO, TÜV. Das Prinzip, eine Abkürzung aus den Anfangsbuchstaben mehrere Wörter zu bilden (RADAR), wird hier vorgestellt mit dem Ziel, zu eigener kreativer Produktion anzuregen.
Eine mögliche Fortführung wäre das Anlegen eines Abk.-WöBus (eines Abkürzungswörterbuchs), in das vielen geläufige Abkürzungen eingetragen und erklärt werden. Dabei wäre der Aspekt interessant, dass einige Abkürzungen verständlich sind, ohne dass die ausgesprochene Fassung bekannt ist (z. B.: TÜV = Technischer Überwachungsverein).

S. 136 – 137: Silben trennen; Wortlücken

Eine kontinuierlich durchlaufende Schrift (scripta continua) ist historisch häufiger zu finden. Es handelt sich also nicht nur um eine Marotte des Setzers oder der Setzerin. Solche Beispiele schärfen den Blick für sinnvolle Prinzipien unserer Schrift. Eine Zusatzaufgabe wäre, die nicht gemeinten Wörter (z. B. gleich zu Beginn des Textes *mals* und *als)* heraussuchen zu lassen.
Für den Unterricht sind solche Texte schnell selbst herzustellen, indem man mit einer Textverarbeitung alle Leerzeichen entfernt und die Groß- in Kleinbuchstaben umwandelt. Falls Gelegenheit besteht, können solche Texte dann auch am PC rekonstruiert werden.

S. 138 – 141: Prisma

Es ist zu entscheiden, ob es sinnvoller ist, dass alle zunächst den gesamten Text **Das Ei des Kolumbus** kennen lernen, oder ob es möglich ist, die einzelnen Abschnitte von verschiedenen Gruppen erarbeiten zu lassen.
An den einzelnen Abschnitten soll intensiv gearbeitet und eine *Mindmap* angelegt werden.
Falls den SchülerInnen dieses Verfahren neu ist, kann erwogen werden, die einzelnen Gruppen zu bitten, ihre Mindmap in Reinschrift auf eine Folie oder eine Wandzeitung zu schreiben, damit sie im gesamten Klassenverband besprochen werden kann.
Die Funktion der Mindmap in diesem Prisma sollte von Beginn an deutlich sein: Es geht darum, Dialoge aufzuschreiben, die schließlich zu einem Textbuch zusammengestellt werden sollen. (Dies sollte als Möglichkeit aber auch dann bewusst sein, wenn es nicht realisiert wird.)
Wird das Instrument der Mindmap beherrscht, kann die eigentliche Arbeit beginnen. Aus den Mindmaps werden Dialoge; aus den Dialogen werden Szenen; aus den Szenen wird ein Textbuch. Dies ist ein sehr anspruchsvolles Vorgehen, und es ist hilfreich, wenn der Stand der Arbeit der einzelnen Gruppen allen sichtbar ist. Dies kann in Form von Wandzeitungen geschehen. Das kann auch den Vorteil haben, dass je Gruppe mindestens zwei schreiben müssen: eine Fassung für die Wandzeitung, (mindestens) eine für die weitere Arbeit in der Gruppe.
Sind die Szenen geschrieben und aufeinander abgestimmt, kann mit der Gestaltung des Textbuchs und den Vorarbeiten für das **Theater im Karton** begonnen werden, in dem ein zentraler Moment der Szene dargestellt werden kann.

Weiterführende Anregungen

Durch das spielerische Vertauschen von Buchstaben in kleinen eigenen Gedichten, können sich SchülerInnen kreativ mit Sprache beschäftigen.

Der verdrehte Schmetterling *Mira Lobe*

Ein Metterschling
mit flauen Blügeln
log durch die Fluft.
Er war einem Computer entnommen,
dem war was durcheinander gekommen,
irgendein Drähtchen
irgendein Rädchen.
Und als man es merkte, da war's schon zu spätchen,
da war der Metterschling schon feit wort,
wanz geit.
Mir lut er teid.

(Aus: Hans Domenego u. a.: Das Sprachbastelbuch. 12. Aufl. Wien: Esslingen 1996. S. 78.)

Überprüft in dem Gedicht, an welchen Stellen durch das Vertauschen von Buchstaben neue Wörter entstehen, die es im Deutschen nicht gibt, und solche, die es durchaus gibt, die aber im Zusammenhang des Gedichts „keinen Sinn" machen.

Für folgende Aufgabe sollte eine bestimmte bekannte Wortart gewählt werden, um durch das Sprachspiel Grammatikkenntnisse zu testen.

Bummel durch Europa *Mark Twain*

Deutschland ist im Sommer der Gipfel der Schönheit, aber niemand hat das höchste Ausmaß dieser sanften und friedvollen Schönheit begriffen, wirklich wahrgenommen und genossen, der nicht auf einem Floß den Neckar hinabgefahren ist. Die Bewegung eines Floßes ist gerade die richtige; sie ist träge, geleitend, sanft und geräuschvoll; sie beruhigt alle fiebrige Betriebsamkeit, schläfert alle nervöse Hast und Ungeduld ein; unter ihrem beruhigenden Einfluss schwindet jeglicher Ärger, Verdruss und Kummer, der den Geist quält, und das Leben wird ein Traum, ein Zauber, eine tiefe und stille Verzückung. Welchen Gegensatz bildet es zu dem mühseligen Wandern und der staubigen, betäubenden Eisenbahnraserei und dem langweiligen Holpern über grellweiße Straßen hinter müden Pferden!

(Dieser Text findet sich in KONTEXT DEUTSCH auf S. 170.
Aus: Mark Twain: Gesammelte Werke. Band 3. Die Arglosen im Ausland. Bummel in Europa. Deutsch von Anna Maria Brock © München, Wien: Carl Hanser Verlag 1966. S. 66.)

Schreibt den Text so ab, dass ihr den ersten (oder letzten) Buchstaben der Wörter, die zu der Wortart Nomen (Verb, Adjektiv, Artikel) gehören, weglasst.

Üben

S. 255: In fremde Rollen schlüpfen

In Anknüpfung an Seite 125 sollen die SchülerInnen sich in Taschen versetzen und aus deren Sicht erzählen: **Taschen haben's auch nicht leicht.** Diese Erzählungen sollen dann einen Dialog auslösen, weil die Taschen sich ja gegenseitig ergänzen, bestätigen, ins Wort fallen usw.

Der Illustrator hat neben einer Sporttasche eine Hosentasche, einen Tornister und eine Einkaufstasche gezeichnet. Es ist zu erwarten, dass sich die Kinder zunächst einmal diese Taschen für ihre Erzählungen aussuchen.

So könnte eine Hosentasche reißen, sie kann ihren Knopf verlieren, ein Kuli kann in ihr auslaufen, sie kann ein Loch haben, durch das Geldmünzen fallen ...

Der Tornister könnte nass regnen, stehen gelassen werden, als Tormarkierung beim Fußball dienen, als Wurfgeschoss missbraucht werden ...

Die Einkaufstasche kann zu voll gepackt werden, kann frieren, weil sie Tiefkühlkost tragen muss, die Colaflasche kann auslaufen und alles klebt ...

Der Wert solcher spielerischer Übungen liegt darin, dass mit der Förderung des Einfallsreichtums zugleich die Fantasie durch die Perspektive gezügelt wird, d. h., die Übernahme der Rolle einer Tasche verlangt Empathie, perspektivisches Erleben usw. Die Regeln des Spiels müssen selbst gefunden werden.

S. 256: Ausdrucksvoll sprechen

Die Aufgaben zu den **Sprechübungen für angehende Schauspieler** knüpfen an die der Seiten 126–128 an. Das Übernehmen von Rollen kommt ohne ausdrucksvolles, situationsadäquates Sprechen nicht aus. Das Lesen dieser Sprechübungen soll neben dem Spaß auch Verständnis vermitteln, da die prosodischen – metrisch-rhythmischen – Gestaltungsmöglichkeiten den Text verändern. Wenn z. B. die Verse *Es sprach der Aal ...* abwechselnd forsch, flüsternd, schnell und langsam gelesen werden, teilen sich den SchülerInnen sehr unterschiedliche Konnotationen mit: Der Text kann anweisend, befehlend klingen, er kann aber auch als Beschwörung verstanden werden.

Im Gedicht **Hör zu ...** kann die Übereinstimmung von kurzen oder langen Vokalen mit dem Ausgedrückten sprechend erlebt werden (*kurz – Furz; sehnt es sich – dehnt es sich).*

Das bei SchülerInnen immer wieder zu hörende akustische „Sterben" am Schluss von Sätzen und Versen kann erfolgreich bekämpft werden, wenn man den Vortrag optisch unterstützt: Eine Möglichkeit ist die, dass der oder die Sprechende mit einer Hand den Vers wie eine Treppe anzeigt, die mit jeder betonten Silbe von links nach rechts ansteigt und am Ende des Satzes oder Verses oben verharrt. Dies geht auch, wenn der Lehrer oder die Lehrerin dies macht und so die SchülerInnen zum Beibehalten der Lautstärke anhält.

S. 257: Verse verstehend gestalten

Mit dieser Übung wird angeknüpft an die **Unsinnverse** auf Seite 128. Das Verständnis eines Gedichtes wie **Der Zipferlake** stützt sich darauf, dass

1. viele Wörter der normalen Sprache entstammen;
2. unsinnige Neubildungen sich grammatisch einfügen;
3. unsinnige Neubildungen aufgrund von lautmalerischen Qualitäten an analoge Bildungen erinnern;
4. normale Wörter hinter grammatisch falscher Verwendung erkennbar bleiben.

Aufg. 2: *verdaustig, gorkicht, elump, gabben, ...*: Erkennbar sind flektierte und unflektierte Adjektive in attributiver und adverbialer Stellung. *Verschnoff* z. B. erinnert an ein stark gebildetes Partizip Perfekt. *Frieben* scheint das Präteritum eines starken Verbs zu sein.

Aufg. 3: *Rotterten*: Dies ruft die Assoziationen „ratterten" und „verrotten" hervor.
scharfgebifftes: Dies erinnert an „scharfgeschliffen".
wichernd: Die Bedeutung liegt zwischen „wiehernd" und „kichernd".

Aufg. 4: Bei der Bearbeitung dieses Gedichts ist der individuellen Wahrnehmung Raum zu geben; das Gespräch über dieses individuelle Wahrnehmen führt deshalb zu einem besseren Verständnis der Struktur unserer Sprache, weil sich erfahrungsgemäß die SchülerInnen entweder auf eine Lesart einigen oder das Verständnis anderer akzeptieren.
Wenn die SchülerInnen auf die Suche nach den Gründen für unser Verstehen geschickt werden, bringen sie eine Fülle von Beispielen. Es empfiehlt sich, eine Tabelle anzulegen:

Wort im Gedicht	Wortart	Bedeutung (Vorschlag)
verdaustig	Adjektiv	düster, neblig ...
glasse	Adjektiv	blass, unscheinbar ...
Wieben	Nomen	Spinnweben, Schilfstängel ...
rotterten	Verb	verrotteten, ratterten ...
gorkicht	Adjektiv, Partizip	krumm, verbogen ...
...		

Wert sollte darauf gelegt werden, dass die SchülerInnen die Entscheidung über die Wortarten begründen, z. B. die Endsilbe *-ig* deutet auf ein Adjektiv hin usw.
Eine andere Deutung des Gedichts findet sich im Roman selbst, als Goggelmoggel, ein eiförmiges Wesen, die Sprache des Gedichts für Alice erklärt. (Lewis Carroll: Alice hinter den Spiegeln. Frankfurt: insel taschenbuch Verlag 1981. S. 90 f.)
Auf Interesse stößt auch die erste Strophe des englischen Originals der Zipferlake:

Jabberwocky

T was brillig, and the slithy toves
Did gyre and gimble in the wabe.
All mimsy were the borogoves,
And the mome raths outgrabe.

(Aus: Lewis Caroll: Through The Looking Glass. Puffin Books: Great Britain 1981.)

Im Zirkus

Inhalt und Konzeption

Für SchülerInnen einer 5. Klasse ist die bunte Welt des Zirkus vor allem deshalb faszinierend, weil sie mit einem fremden, z. T. exotischen Bereich in Berührung kommen. Diese Welt schafft Räume für Fantasie, die dieses Kapitel – trotz seines grammatischen Schwerpunktes – zu nutzen bemüht ist. Erster Anziehungspunkt dürfte der Clown sein, der Lustiges, aber auch Nachdenkliches verkörpern kann. Exotisch hingegen wirken Tiere aus dem außereuropäischen Lebensraum, die in Dressur vorgeführt werden. Wichtig war es uns auch, einen Blick hinter die bunte (Schein-)Welt des Zirkus zu werfen.
Orientiert am Ablauf einer Zirkusvorstellung werden syntaktische, semantische und grammatische Begriffe kontextgebunden eingeführt und eingeübt: die Satzarten, Möglichkeiten der Aufforderung und die Satzglieder. Dabei werden die jeweils neu eingeführten Begriffe stets in Übersichten dargestellt, sodass die SchülerInnen Einsicht in die Struktur der Sprache erlangen.
Das Kapitel gliedert sich in drei thematische Schwerpunkte, die jeweils einen sprachlichen Gegenstand fokussieren. So soll der erste Teil (S. 142–146) inhaltlich an die Zirkusvorstellung und zentrale Figuren heranführen und sprachlich Anredeformen, die Bildung des **Imperativs** und die Bestimmung der **Satzarten** ermitteln helfen. Der zweite Teil (S. 147–155) widmet sich der Erarbeitung und Anwendung der **Satzglieder**. Nach der ausführlichen Behandlung des **Prädikats als Satzkern** werden weitere Satzglieder eingeführt (**Subjekt**, **Akkusativ-**, **Dativ-** und **Genitivobjekt**), thematisiert in vier Zirkusnummern.
Im Sinne des in beiden Teilen verfolgten genuin integrativen Ansatzes ist die inhaltliche Ebene sehr eng mit den vorgestellten grammatischen Phänomenen verwoben: Der Zirkusdirektor verwendet unterschiedliche Satzarten, um mit seinem Publikum zu kommunizieren, der Dompteur braucht für sein Dressurprogramm unbedingt den Imperativ, der Clown als Leitfigur kann aufgrund seiner Rolle mit Satzarten und Satzgliedern spielen, um so bei den SchülerInnen ein entdeckendes Lernen zu initiieren.
Nach der Vorstellung (dritter Teil, S. 156 f.) bietet es sich an, einzelne DarstellerInnen oder eine Zirkusnummer zu beschreiben; deshalb soll die Aufsatzform des **Beschreibens** – im Schwierigkeitsgrad steigend – an Personen, Bildern und Vorgängen durchgespielt werden. So kann die Personen- und Vorgangsbeschreibung explizit und systematisch eingeführt und adressatenbezogen angewendet werden.
Grundsätzlich ist zu diesem Kapitel zu sagen: Nicht nur die Beschreibung eignet sich für die SchülerInnen, eigene Erlebnisse einzubringen und vom Zirkus zu berichten oder zu erzählen, auch an anderer Stelle innerhalb des Kapitels ergibt sich vielfach die Möglichkeit zu Spielszenen, Standbildern und Pantomimen, sodass die Gefahr einer bloßen Funktionalisierung des Inhalts nicht besteht.
Im **Prisma** können die SchülerInnen in einem selbst zu entwerfenden Quartettspiel mit einzelnen Satzgliedern explizit spielerisch umgehen.

Das Kapitel im Überblick

Imperativ; Aufforderung, Wunsch, Bitte

Die SchülerInnen erkennen die situative und kontextabhängige Anwendung von Imperativ, Aufforderung, Wunsch und Bitte und lernen die Bildung des Imperativs.

Frage- und Aussagesatz als Aufforderung

Die Möglichkeit, Aufforderungen, Wünsche und Bitten in Frage- und Aussagesätzen auszudrücken, wird bezüglich der Semantik reflektiert.

Zusammenfassung: Satzarten

Die drei Satzarten (Aussage-, Frage-, Aufforderungs-/Befehlssatz) mit ihren jeweiligen Satzschlusszeichen werden im Überblick kennen gelernt.

Satzglieder, Umstellprobe

Die SchülerInnen lernen, mithilfe der Umstellprobe die einzelnen Satzglieder zu erkennen. Erste Hinweise bekommen sie auf die besondere Stellung des Prädikats.

Prädikat als Satzkern

Anhand visueller Darstellungen können die SchülerInnen über das Prädikat als Satzkern reflektieren und es in unterschiedlichen Satzarten betrachten. Sie setzen sich mit Stellung und Bildung des Prädikats (konjugierte Verbform) auseinander.

Subjekt; Akkusativ-; Dativ-; Genitivobjekt

Das Lernziel ist, das Subjekt als Träger der Aussage zu erkennen und die einzelnen Objekte mithilfe der Frageprobe zu unterscheiden und in ihrer Funktion zu erkennen.

Zusammenfassung: Subjekt, Objekt

In einem Überblick sollen die Satzglieder in ihrer Funktion erkannt werden.

Personen beschreiben

Die SchülerInnen werden am Beispiel des Clowns Nico in die systematisch aufgebaute Personenbeschreibung in adressatenbezogener Form eingeführt.

Vorgänge beschreiben

Ein Zirkusplakat, auf dem eine Pferdedressur abgebildet ist, dient der Einführung in die Bild- und Vorgangsbeschreibung.

Prisma

Die Satzglieder werden anhand eines Satzgliederquartetts spielerisch eingeübt.

Üben

In den Übungen werden neue inhaltliche Kontexte präsentiert oder Kontraste innerhalb des bestehenden Zirkuskontextes hergestellt. Um die Funktion der Satzglieder besonders herauszustellen, werden die Weglass- und die Ersatzprobe eingeführt.

Methodisch-didaktische Erläuterungen

S. 142 – 144: Imperativ; Aufforderung, Wunsch, Bitte

Das Gedicht von Frieder Stöckle **Direktor Professionelli** führt in das Kapitel IM ZIRKUS ein, da es thematisch an die Zentralfigur des Direktors heranführt. Sein Verhältnis zum Publikum lässt sich sprachlich anhand der Form der Anrede dokumentieren und beschreiben. Das Gedicht fordert geradezu zum Vortrag auf. Es regt aber auch dazu an, andere Formen der Begrüßung zu erproben und mit Sprache zu spielen.
Aufg. 3: Die SchülerInnen können sich selbst in die Situation des Zirkusdirektors hineinversetzen und eine Begrüßung entwerfen.
Aufg. 4–5: Dass die Imperative des Direktors situationsabhängig sind, sollen diese Aufgaben vor Augen führen, die sich beliebig in einer Partnerarbeit erweitern lassen. Dabei können auch andere Grundsituationen thematisiert werden, in denen Imperative, aber auch andere Möglichkeiten der Aufforderung eine Rolle spielen (in der Schule, in der Familie, unter Freunden). Eine Aufgabe könnte lauten: Notiert für eure Nachbarin oder euren Nachbarn Aufforderungssprechblasen, die zur Situation „unter Freunden“ gehören. Legt die Situation aber nicht genau fest, sondern ermittelt sie gegenseitig.
S. 144: Die Einbindung des Imperativs in konkrete Sinnzusammenhänge wird beim Dompteur exemplarisch durchgeführt. Die dargestellte Zirkusnummer eignet sich für eine Spielszene, in der weitere Imperative verwendet werden können. Problematisiert werden könnte die Wirkung des Imperativs neben anderen Möglichkeiten der Aufforderung, wenn die Klasse gemeinsam überlegt, weshalb der Dompteur seine Tiere nicht bittet: „Würdest du bitte vom Podest herunterkommen, Leo?“ (vgl. ÜBEN, S. 259)

S. 145: Frage- und Aussagesatz als Aufforderung

In die verschiedenen Formen der Aufforderung führt der Text **Clown Niko in Not** ein. In einem Tafelbild können die drei Satzarten (Aussage-, Frage- und Aufforderungssatz) als Aufforderungsmöglichkeiten transparent gemacht werden, gleichzeitig kann die unterschiedliche Wirkung der Aufforderungsarten reflektiert werden. Um den Bedeutungsunterschied herauszustellen, bietet es sich an, mit den Begriffen *Aufforderung, Wunsch* und *Bitte* zu arbeiten. Dabei ist der Aufforderungs- und Fragesatz unmittelbar als Aufforderung erfahrbar zu machen. Schwieriger ist das beim Aussagesatz, da hier die Aufforderung meist indirekt mitschwingt oder (nur) vom Hörer als eine solche empfunden wird. Um dies erfahrbar zu machen, bietet es sich an, Aufforderungen in völlig anderen Situationszusammenhängen erproben zu lassen:

Deine Freundin kommt mit einem Gipsbein zur Schule.
Dein Freund hat die dritte Fünf in Mathe. Er braucht Hilfe.

Beide Situationen eignen sich sowohl zur schriftlichen Fixierung eines Gesprächs als auch zum mündlichen Dialog, in dem jeweils verschiedene Möglichkeiten der Aufforderung durchgespielt und reflektiert werden können.

S. 146: Zusammenfassung: Satzarten

Der Satzschlusszeichenrapp fasst die Satzarten und deren Schlusszeichen in anschaulicher Weise zusammen. Der Rapp kann gesungen werden, damit sich der Inhalt besser einprägt.

S. 147: Satzglieder, Umstellprobe

Am Beispiel der Begrüßung des Direktors lässt sich mithilfe der Umstellprobe leicht feststellen, welche Wörter zusammen ein Satzglied bilden, ohne dass diese Satzglieder schon im Einzelnen benannt werden müssen. Die Umstellprobe ist dabei nicht Selbstzweck, sondern durch sie wird der Bedeutungsunterschied innerhalb der Begrüßungen deutlich, was vor allem durch einen Vortrag der Begrüßungen erkennbar wird. Durch die Umstellprobe wird die Sonderstellung und die Bedeutung des Prädikats im Satz besonders augenfällig. Um dies zu verdeutlichen, kann die Begrüßung des Direktors auf einer OHP-Folie entsprechend markiert werden. Alternativ zum Begrüßungssatz könnten die SchülerInnen einen Schlusssatz finden, dessen Satzglieder sie durch die Umstellprobe ermitteln.
Während der neue Schwerpunkt **Satzglieder** damit vorbereitet wird, werden auf dieser Seite die Themen **Aufforderungen** und **Satzarten** gleichzeitig abgeschlossen.

S. 148 – 149: Prädikat als Satzkern

Mithilfe eines Satzsterns werden auf den folgenden Seiten die einzelnen Satzglieder, hier zunächst das Prädikat als Satzkern, eingeführt. Auf diese Weise können abstrakte Zusammenhänge veranschaulicht werden, zudem bietet dieser Satzstern die Möglichkeit des individuellen Übens. Es ist deshalb sinnvoll, wenn die SchülerInnen sich im Laufe dieses Teilkapitels über die Satzglieder einen solchen Satzstern mit allen hier erarbeiteten Satzgliedern (vgl. Schülerband, S. 154) basteln, um zu begreifen, was ein Satzglied ist und was es leistet. Zudem steht der Satzstern mit dem Prädikat als Satzkern in einem sachlichen Zusammenhang zu der hier zugrunde liegenden Valenzgrammatik, die den Satzkern mit seinen Mitspielern zeigt. (Praxismappe Freiarbeit. Bd. 1/2. Hrsg. von U. Hecker. Mühlheim: Verlag an der Ruhr 1989.)
Das von Clown Niko eingeführte Puzzlespiel basiert auf dem o. g. Satzstern und ist im Schwierigkeitsgrad steigend.
Aufg. 1–2: Hier sind alle Satzglieder vorgegeben. In Anlehnung an die Begrüßungsvarianten des Direktors auf der vorigen Seite sind die verschiedenen Aussagesätze mithilfe der Umstellprobe leicht zu bilden. Entscheidend ist, dass das Prädikat im Aussagesatz immer an der zweiten Satzgliedstelle steht, was sich im Fragesatz ändert. Hier rückt das Prädikat an die erste Stelle.
Aufg. 3–4: Außer dem Prädikat sind alle weiteren Satzglieder lediglich markiert und zunächst von den Kindern zu füllen. Es liegt dabei nahe, beim Thema Zirkus zu bleiben, sodass z. B. folgende Sätze möglich sind:

in jeder Vorstellung		Niko
	läuft	
wütend		ins Publikum
streng		den Löwen
	ermahnt	
der Dompteur		während der Vorstellung

Die Bildung von Aussage- und Fragesätzen ist nach dem schon bekannten Prinzip durchführbar. Es ist hier möglich, das Prädikat in der Personalform zu verändern (z. B. *ermahnen)*, um die SchülerInnen die notwendige Kongruenz zwischen Subjekt und Prädikat entdecken zu lassen, ohne an dieser Stelle auch schon das Subjekt einführen zu müssen.
Das hier durchgeführte Puzzlespiel lässt sich beliebig in Partner- und Gruppenarbeit erweitern; es kann sogar zum Klassenspiel ausgestaltet werden. Dazu müsste die Klasse zweigeteilt werden. Jede Hälfte schreibt für die andere Hälfte Satzkerne auf Zettel, die dann von der anderen Gruppe möglichst schnell und fehlerfrei in einen Satz integriert werden müssen.
Aufg. 5–6: Das zweiteilige Prädikat wird eingeführt. Diese Zweiteiligkeit wird hier bewusst nur beispielhaft vorgegeben, ohne die grammatischen Phänomene zu ergründen, die zu dieser Zweiteilung führen.
Die Aufgaben können so gelöst werden:

im Käfig		laut
	hat ... gebrüllt	
der Löwe		vor dem Dompteur
ich		rückwärts
	bin ... gesprungen	
in der Clownnummer		aufs Pferd

Um die Kongruenz zwischen Prädikat und Subjekt zu verdeutlichen, können die Personalformen des Prädikats geändert werden.
Durch diese Übung entdecken die SchülerInnen, dass bei einer Zweiteilung des Prädikats das konjugierte Verb als zweites Satzglied steht.
Mit der Übersicht haben die SchülerInnen eine Zusammenfassung der Stellung des Prädikats in verschiedenen Satzarten.

S. 150 – 154: Subjekt; Akkusativ-; Dativ-; Genitivobjekt

Im weiteren Verlauf des Zirkusprogramms werden in der Reihenfolge ihrer Häufigkeit im Sprachgebrauch vier weitere Satzgliedarten vorgestellt: Subjekt, Akkusativ-, Dativ- und Genitivobjekt.
Anhand des Textes **Franz Ferkel, der Zirkusheld** wird das Subjekt eingeführt.
Aufg. 3: Das zuvor erarbeitete grammatische Phänomen kann hier angewendet werden. Das Gespräch zwischen Mutter und Sohn soll zum einen dazu dienen, den Text noch einmal nachzuerzählen, zum anderen dazu, durch Fragen das Satzglied Subjekt zu ermitteln. Diese Szene eignet sich für ein Stegreifspiel.

Mithilfe des Satzsterns können nun die entscheidenden Satzglieder Subjekt und Prädikat benannt werden, zudem kann über Beispiele die Kongruenz zwischen Subjekt und Prädikat verdeutlicht werden.
S. 151: Auch die Einführung des Akkusativobjekts vollzieht sich über das Interesse am Gegenstand (Hexen-Einmaleins) und die Erarbeitung des Akkusativobjekts bis hin zur kreativen Umsetzung in einem Dialog. Das Gespräch zwischen der Hexe und dem Polizisten eignet sich auch zur Einführung der Ersatzprobe (vgl. ÜBEN, S. 262).
Aufg. 8: Die geforderte Suchanzeige kann als Formular gestaltet werden oder auch in Form eines Steckbriefes, der den SchülerInnen aus dem Kapitel NEUE SCHULE – NEUE KLASSE bekannt ist.
S. 152: Mustafa Haikals Gedicht **Verschwunden** knüpft inhaltlich an das Verschwinden des Hasen Willi an, fasst grammatisch die Satzglieder Subjekt und Akkusativobjekt noch einmal zusammen, dient also der Festigung des Erarbeiteten. Der schon bekannte Satzstern kann um das Akkusativobjekt erweitert werden.
S. 153: Der Text über fliegende Menschen und biegsame Akrobaten führt das Dativobjekt ein. Mit diesem Text werden die SchülerInnen aber auch auf die Verantwortung aufmerksam gemacht, die Artisten im Zirkus füreinander tragen. Dies ließe sich durch ein Interview, in dem Nina nach ihrem Fänger Camillo befragt wird, vertiefen.
Aufg. 3: Mit einer Sammlung von Verben, die ein Dativobjekt haben können, könnten die SchülerInnen eine Geschichte schreiben und zur Einübung und Vertiefung die Dativobjekte unterstreichen. (Beispiele: *danken, gefallen, antworten, begegnen, nützen, glauben, folgen, gleichen, ...)*
Es könnte z. B. eine Geschichte von Niko erzählt werden, der sich bei Nikola dafür bedankt, dass sie während seiner Verletzung allein im Zirkus aufgetreten ist und ihn mit vertreten hat.
Aufg. 5: Das folgende Gedicht **Bonnie, der Verbogene** enthält nur ein Dativobjekt *(allen,* Z. 11). Um dieses Objekt herauszufinden, müssen sämtliche Satzglieder erfragt werden. Ziel ist es, die Fragetechnik zur Ermittlung der bisher erarbeiteten Satzglieder zu festigen. Gleichzeitig verweist das Gedicht bereits auf die Beschreibung von Personen (vgl. S. 34), die gegen Ende des Kapitels (S. 156) im Zentrum stehen wird.
S. 154: Der Text **Das Gedächtnis eines Elefanten** führt zur Frage nach der Funktion des Genitivobjekts, das im mündlichen Sprachgebrauch nahezu ausgestorben ist und fast nur noch in literarischen Texten zu finden ist.
Das Alter und Erinnerungsvermögen des Elefanten ermöglichen es, dieses Objekt einzuführen; gleichzeitig wird auf den sprachlichen Wandel verwiesen, der in den Aufgabenstellungen auch angesprochen wird.
Der Satzstern veranschaulicht die in diesem Kapitel erarbeiteten Satzglieder noch einmal übersichtlich.

S. 155: Zusammenfassung: Subjekt, Objekt

Diese Seite fasst die erarbeiteten Satzglieder noch einmal zusammen. Schülertabelle und Merkkasten dienen der Festigung des Lernstoffs.
Aufg. 10–11: Die Aufgaben weisen schon auf die Personenbeschreibung hin, die sich anschließt.

S. 156: Personen beschreiben

Mit der Personenbeschreibung beginnt ein neuer Schwerpunkt: Der Blick richtet sich auf die schriftliche Fixierung von Beobachtungen, die innerhalb des Kapitels bereits eine große Rolle gespielt haben.
Aufg. 1: Die Systematik der Personenbeschreibung kann zunächst an dem bekannten Clown Niko verdeutlicht und in der Briefform schriftlich durchgeführt werden. Zusätzlich können die SchülerInnen sich gegenseitig oder Personen von Fotos oder Postern beschreiben, um diese Form der Beschreibung weiter zu üben.

S. 157: Vorgänge beschreiben

Aufg. 2: Etwas umfangreicher gestaltet sich die Bildbeschreibung, die sich bei der Betrachtung des Zirkusplakates anbietet. Sie sollte möglichst noch vor der Vorgangsbeschreibung erfolgen, da sie genaues Beobachten voraussetzt.
Aufg. 4: Die Beschreibung des Vorgangs sollte einer zeitlichen Abfolge unterliegen, wie es durch die angegebenen Ausdrücke in der Aufgabe angedeutet ist.
Der Abschluss des Kapitels bietet sich dazu an, die SchülerInnen von eigenen Erlebnissen erzählen zu lassen, sodass die Vorgangsbeschreibung vertieft werden kann. Gleichzeitig lassen sich bekannte Texte wie z. B. **Franz Ferkel** auch in Form einer Vorgangsbeschreibung verändern.
Schließlich könnten die Kinder einen Abschlusstext für Direktor Professionelli erfinden, der der Zirkusvorstellung einen Rahmen gäbe.

S. 158 – 159: Prisma

Das Zirkusquartett greift auf Clown Niko zurück, den die Kinder u. a. vom Puzzle her kennen. Das vorgeschlagene Quartettspiel soll selbst gebastelt und eine Spielanleitung, die die Vorgangsbeschreibung aufgreift, erstellt werden. Thematisch ist das Quartett an den Vorgaben des Kapitels orientiert und greift nahezu alle Zirkusnummern auf, sprachlich konzentriert es sich auf die spielerische Wiederholung der Satzglieder.

Weiterführende Anregungen

Literaturhinweise

Ann Peyer: **Sätze.** In: Praxis Deutsch. Zeitschrift für den Deutschunterricht 147/1998. S. 12–22.
Anton Näf: **Die Satzarten als Lern- und Reflexionsgegenstand in der Schule.** In: Der Deutschunterricht 4/1995. Velber: Friedrich S. 51–65.
Duden. Grammatik der deutschen Gegenwartssprache. Hrsg. von Günther Drosdowski. 5. Aufl. Mannheim: Dudenverlag 1995.
Schülerduden Grammatik. Eine Sprachlehre mit Übungen und Lösungen. Hrsg. von Peter Gallmann und Horst Sitta. 3. Aufl. Mannheim: Dudenverlag 1990.
Weinrich, Harald: **Textgrammatik der deutschen Sprache.** Mannheim: Dudenverlag 1993.

I Vorgangsbeschreibung

Montagmorgen

Ich setze mich auf das Fahrrad.
Ich trinke meinen Kakao.
Der Wecker klingelt. Ich stehe auf und gehe ins Bad.
Ich komme gerade noch rechtzeitig zum Stundenbeginn in die Klasse.
Ich trödele herum.
Ich esse mein Butterbrot.
Ich packe ein Pausenbrot in die Schultasche.
Herr Meier tritt ein.

1. Hier ist einiges durcheinander geraten. Nummeriert die Sätze, sodass eine sinnvolle Reihenfolge entsteht.
2. Bringt die Beschreibung in die richtige Reihenfolge und erweitert sie, indem ihr die folgenden Zeitbestimmungen einfügt:
   zuerst, dann, später, schließlich, zuletzt ...
   Achtet darauf, dass einige Satzglieder dann umgestellt werden müssen.
3. Verknüpft in einem letzten Schritt die Sätze der Vorgangsbeschreibung.
   Bsp.: *Wenn morgens der Wecker klingelt ...*

II Satzgliedbestimmung

1. Führt an dem folgenden Satz die Umstellprobe durch, sodass ihr alle Satzglieder ermitteln könnt:
   a) *Ich gebe dir einen Brief.*
   b) ....
   c) ....
2. Bestimmt die Satzart.

Wen du brauchst *Regina Schwarz*

Einen zum Küssen und Augenzubinden
Einen zum lustige-Streiche-erfinden.
Einen zum Regenbogen-suchen-gehen,
und einen zum fest-auf-dem-Boden-stehn.
Einen zum Brüllen, zum Leisesein einen,
einen zum Lachen und einen zum Weinen.
Auf jeden Fall einen, der dich mag,
heute, morgen und jeden Tag.

*(Aus: Überall und neben dir. Gedichte für Kinder.
Hrsg. von H.-J. Gelberg. Weinheim: Beltz Verlag 1986, S. 159.)*

3. Nach welchen Objekten fragt die Überschrift des Gedichts?
4. Schreibt ein ähnliches Gedicht, das das Dativobjekt erfragt.
   Es könnte einen der folgenden Titel tragen: *Wem du hilfst*
   Wem du ähnlich bist
   Wem du traust

Üben

S. 259 – 260: Aufforderungen, Wünsche, Imperative

Im Zirkuskapitel wird auf die situativ angemessene Versprachlichung von Aufforderungen eingegangen. Dieses wird hier in dem Text **Öffnet Höflichkeit alle Türen?** aufgenommen, indem äußerst höfliches Verhalten als hinderlich für Kommunikation dargestellt wird. Übungspsychologisch ist es wichtig, dass die SchülerInnen durch die Erfahrung der Unangemessenheit von Höflichkeit in einem ganz bestimmten Kontext produktiv verunsichert werden und durch diese Übung ein vertieftes Wissen der situativen Gestaltung von Aufforderungen erhalten. Dabei wird der vergnüglich zu lesende Text motivieren.
Aufg. 3–4: Anhand der produktionsorientierten Aufgaben sollen die SchülerInnen argumentativ Gründe für das jeweils angemessene Verhalten nennen und außerdem Alternativen formulieren, was zur Erweiterung sprachlicher Möglichkeiten führt.
Aufg. 5–6: Das Sprachspiel im Gedicht **Die 15 schönsten Befehle aus dem Tierreich** lebt vom Gleichklang von Tierbezeichnungen mit fiktiven Imperativen und von der Identifikation der Tierbezeichnungen mit Imperativen durch die Spitzenstellung im Aufforderungssatz. Die SchülerInnen müssen diese strukturellen Analogien erkennen, um die Aufgaben zu lösen.
Aufg. 7: Die Gedichtproduktion ist dadurch lösbar, dass nur in einem äußerlichen Sinn ein Gedicht zu schreiben ist, also bloß die Versstruktur erwartet wird. Diese Aufgabe wird erfahrungsgemäß auch z. B. zu den Themen Sport *(Elfmeter dich endlich!)* und Autos *(Opel nicht dauernd!)* gerne in Angriff genommen.
Der für das Lernen so wichtige Austausch beider Gehirnhälften wird in dieser Aufgabe besonders gefördert: Die Erkenntnis struktureller Analogien erfordert die Tätigkeit der linken Hemisphäre, während die rechte bei der Konstruktion anderer Beispielbereiche gefragt ist, weil sie formorientiertes und ganzheitliches Denken gewährleistet.

S. 261 – 262: Umstellprobe, Weglassprobe, Ersatzprobe

Nur die Umstellprobe wird im Bezugskapitel behandelt (S.147), und zwar in Hinblick auf die Erkennung der Satzglieder und auf die feste Stellung des prädikativen Verbs im Aussagesatz. Weglass- und Ersatzprobe lernen die SchülerInnen in diesem Übungsteil kennen.
S. 261: An die Umstellprobe wird mithilfe von Siegfried Lenz' Erzählung **Kein Applaus oder Wenn die Zuschauer nicht wären** angeknüpft, der im Zirkusmilieu des Kapitels bleibt. Motivierend ist der Text aufgrund der Durchbrechung der Zirkusillusion, die eine Erwartungsenttäuschung bei den SchülerInnen auslöst. Diese Kontrasterfahrung wird als komisch empfunden. Das wird noch durch die den Kindern fremde Art der Sprache gesteigert *(Dies Frauchen, Warum schmeißt du sie [...] mit Messern?).*
Im Übungsteil wird dieser Text nur eingesetzt, um die Umstellprobe üben zu lassen und die Stellung des prädikativen Verbs im Aussagesatz im Bewusstsein der SchülerInnen zu festigen. Er eignet sich aber ebenso wie die anderen Zirkustexte des Kapitels dazu, im Lernbereich „Umgang mit Texten" eingesetzt zu werden.
Aufg. 1: Bei den im Beispielsatz vorgenommenen Umstellungen ist das Adverb *da* nicht berücksichtigt worden, weil die lokale oder zeitliche Bedeutung zu schwach ausgeprägt ist, als dass die SchülerInnen hier leicht ein Adverbial erkennen könnten.

Also wird als Partikel aufgefasst und dem Temporaladverbial *zunächst* zugeordnet und sollte auch nicht näher besprochen werden, damit mit der möglichen Kennzeichnung als Adverb nicht die Eigenschaft als Satzglied ins Gespräch kommt.
Aufg. 2: *In der Arena* kann in den Sätzen 1 und 3 weiter nach vorn rücken.
Aufg. 3: Durch Spitz- und Endstellungen ergeben sich Akzentverschiebungen, welche die Leistung des Satzes verändern. Dies wird in der Regel nur SchülerInnen mit ausgeprägtem Sprachgefühl deutlich werden.
Aufg. 4: Der offene Schluss motiviert zum Weiterschreiben. An eigenen Sätzen kann dann die Umstellprobe vorgenommen werden.
S. 262: Am selben Beispielsatz von Siegfried Lenz wird die Weglassprobe eingeführt. Sie spielt mit der Differenz von syntaktisch Möglichem und semantisch Sinnvollem (So ist z. B. *Ein Mensch erschien* ein syntaktisch vollständiger Satz, der aber im Zusammenhang des Textes keinen Sinn ergibt). Dieser Unterschied kann den SchülerInnen deutlich gemacht werden, wenn sie die Probe an anderen Sätzen des Lenz- oder des eigenen Textes durchführen. Dabei lernen sie notwendige und ausschmückende Satzglieder voneinander zu unterscheiden. Die Aufgabe, so weit zu reduzieren, bis der Text sinnlos wird, und den Übergang vom semantisch Sinnvollen zum Sinnlosen zu erkennen, trifft in der Regel auf eifrige SchülerInnen.
Ein erwünschter Nebeneffekt ergibt sich, wenn die SchülerInnen Appetit bekommen haben und mehr von Lenz' **So zärtlich war Suleyken** lesen wollen.
Bertolt Brechts Text über den Elefanten – **Herrn K's Lieblingstier** – kann außerhalb des hier geschaffenen Zusammenhangs in Verbindung mit dem Text auf S. 154 und dem Kapitel ABENTEUER BIBLIOTHEK benutzt werden (Sach- und Jugendbuch über Elefanten).
Aufg. 1–3: Die Ersatzprobe wird eingeführt, um den SchülerInnen zur Steigerung ihrer sprachlichen Möglichkeiten ein weiteres Werkzeug an die Hand zu geben (siehe auch die Erweiterungsprobe auf S. 264).
Die Lösungen der SchülerInnen verändern Brechts bewusst minimalistisch gestalteten Text sehr. Der Vergleich der Wirkung der verschiedenen Fassungen fördert sowohl die kommunikative wie die ästhetische Kompetenz. Auch diese Aufgaben sind nur durch ein Zusammenspiel von analytischem Vermögen und ganzheitlichem Erfassen zu lösen.

S. 263 – 264: Personen beschreiben

Aufg. 1–2: Der Text **Kennt ihr ihn, den Zirkusdirektor Professionelli?** folgt keiner Ordnung der Beschreibung und umfasst Teile, die nicht unbedingt zu einer Personenbeschreibung gehören. Da der Text aber durch Wortwahl und auktoriale Perspektive sehr anspricht, müssen die SchülerInnen die nicht leichte Aufgabe lösen, von der Funktion einer Personenbeschreibung ausgehend Textteile für überflüssig oder falsch platziert zu erklären, die sie mögen. Übungspsychologisch heißt das, dass das Gelernte (die Personenbeschreibung) analytisch weiterverfolgt wird in einem ganzheitlichen, emotionalen und ästhetischen Kontext. Hier wird schon der Weg zu den in späteren Jahren kommenden distanzierenden Darstellungsformen beschritten.
Aufg. 3–4: Dass hier das elaborierende Üben angestrebt ist, also nicht nur wiederholt wird, zeigt sich daran, dass die SchülerInnen Merksätze für eine Personenbeschreibung formulieren sollen, die – dem Konzept der Lernlandschaft folgend – im Klassenraum aufgehängt werden können. Dieser konkrete Anwendungsbezug hilft die Motivation zu steigern.

S. 264: Ging es bei den letzten Aufgaben um die Analyse einer Beschreibung, so sollen die SchülerInnen nun selbst eine Beschreibung erstellen. Der Text **Hilfe, mein Kind ist weg**, der im Kontext des Zirkuskapitels bleibt, liefert einen realistischen Anlass, ein Mädchen genau beschreiben zu müssen.
Aufg. 6: Mit der Erweiterungsprobe als Werkzeug kann überprüft werden, ob der Text seine Funktion als genaue Beschreibung erfüllt.
Aufg. 8: Der Lückentext ist mit Ausnahme der letzten Lücke auch ohne das Füllen der Lücken lesbar und verständlich. Es muss also entschieden werden, ob die möglichen Füllungen im Sinne des Textzwecks sinnvoll sind.

S. 265 – 266: Einen Vorgang beschreiben

Die üblichen Vorgangsbeschreibungen entfalten oft wenig motivierende Kraft – auch weil oft der pädagogische Zeigefinger im Hintergrund ahnbar ist *(Wie säubere ich mein Fahrrad?)*. Das Beispiel der Zubereitung einer Currywurst ist neu und dem Freizeitbereich der SchülerInnen nahe.
Dem Text **Deine erste Currywurst** ist analytisch zu entnehmen, worauf es ankommt: die richtige Reihenfolge, klare Benennungen durch Begriffe und eine präzise Beschreibung der einzelnen Vorgänge.
S. 266: Eine Sonderform der Vorgangsbeschreibung ist die Gebrauchsanweisung, eine Textsorte, die im Leben der SchülerInnen durch die Technisierung des Alltags eine immer größere Rolle spielt. Die Kriterien einer Vorgangsbeschreibung gelten auch hier (s. o.). Da jede/r schon leidvolle Erfahrungen mit solchen Texten gemacht hat, sind die SchülerInnen in gewisser Hinsicht ExpertInnen.
Die Fehler in diesem Text (mindestens 21) sind original und nicht dem Fehlerteufel beim Druck des Buches zu verdanken.
Aufg. 6: Verlangt wird die Produktion eines Textes, der sich sowohl an der Technik eines Gerätes als auch an den Informationsbedürfnissen der LeserInnen orientiert. Die SchülerInnen können gegenseitig überprüfen, ob sie die Gebrauchsanweisung verstanden haben. Hier ist auch ein Projekt denkbar, in dem man schlechte durch gute Gebrauchsanweisungen ersetzt und diese den Firmen übersendet.

Reisen

Inhalt und Konzeption

Wenn einer eine Reise tut, dann kann er was erzählen. – So könnte der Kerngedanke dieses Kapitels lauten. Diese Erfahrung haben auch schon SchülerInnen einer fünften Klasse gemacht.
Reise-Erfahrungen sind in diesem Kapitel in lyrischen und erzählenden Texten vermittelt, schließlich auch in Sprichwörtern. Im Rahmen der Thematik werden die Kinder mit lyrik- und erzähltheoretischen Grundbegriffen vertraut gemacht, die sie dann in ihren eigenen Texten anwenden können, um so ihre eigenen Reise-Erfahrungen adäquat darlegen zu können.
In diesem Kapitel können sich die SchülerInnen zunächst mit unterschiedlichen lyrischen Annäherungen an das Thema Reisen auseinander setzen. Grundlegende Begriffe für die Analyse von **Gedichten** werden eingeführt. Gerade auch die Beispiele aus der konkreten Poesie regen zu eigenen Schreibversuchen und zur handelnden Auseinandersetzung mit Literatur an.
Ein wesentliches Element dieses Kapitels ist die Auseinandersetzung mit erzählenden Texten. Es wird deutlich, dass gerade bei Reise-Erzählungen die **Perspektive** entscheidend ist, aus der sie geschrieben sind. Die Textauszüge von Mark Twain und Jonathan Swift zeigen exemplarisch, wie in Reiseerzählungen ein Blick auf (scheinbar) fremde Verhältnisse und Kulturen geworfen wird. Dabei kann auch geübt werden, (Teile von) Erzählungen zusammenzufassen. Zudem wird ein Rechtschreibphänomen – die **Dehnung** – integriert betrachtet.
Reisen und das Erzählen über Reisen hat seinen Niederschlag auch in Sprichwörtern gefunden. Im **Prisma** finden die SchülerInnen eine Auswahl von Sprichwörtern und Redewendungen zum Thema Reisen, mit denen sie sich auseinander setzen können. Dies können sie auch zeichnerisch tun. Ziel ist es, ein „Reise-Sprichwort-Geschichten-Buch“ zu erstellen.

Das Kapitel im Überblick

Gedichte kennen lernen

Mehrere Gedichte ganz verschiedener Stilrichtungen und aus verschiedenen Epochen führen in das Thema ein. Hieraus können sich Schreibanlässe ergeben.

Geschichten erzählen

Eine vorgegebene „Geschichte innerhalb einer Geschichte" soll zu eigenem mündlichen und schriftlichem Erzählen anregen.

Perspektiven

Die Vogelperspektive und die Froschperspektive werden an zwei verschiedenen Texten eingeführt; die Texte können als Schreibanlass dienen.

Dehnung

Der Text von Mark Twain dient dazu, die Zeitgebundenheit von Literatur zu verdeutlichen; ferner wird er zum Anlass genommen, verschiedene Aspekte der Dehnung (lange Vokale) zu bearbeiten.

Zusammenfassen

Das Zusammenfassen von Texten wird am Beispiel der **Reise nach Lilliput** erarbeitet. Daraufhin sollen die SchülerInnen eigene Zusammenfassungen von ihnen bekannten Texten erstellen.

Geschichten erzählen

Eine Geschichte soll zu Ende erzählt werden; außerdem wird die Aufmerksamkeit auf den Tempuswechsel gelenkt.

Projekt

Zu einem dadaistischen Gedicht soll ein der Klasse gemeinsames Verständnis erarbeitet, ein Textbuch erstellt und eine Aufführung realisiert werden.

Prisma

In Auseinandersetzung mit Sprichwörtern, welche die Reise thematisieren, soll die Bildhaftigkeit von Sprache erkannt werden. Damit wird die Möglichkeit eigener Textproduktion verbunden.

Üben

Die Perspektivität des Erzählten, das Weiterführen des Erzählten durch eigene Textproduktion und der Umgang mit Gedichten zum Thema Reisen sind Gegenstand des Übungsteils, wodurch das im Kapitel Vermittelte wieder aufgenommen wird.

Methodisch-didaktische Erläuterungen

S. 160 – 163: Gedichte kennen lernen

Mit den vorliegenden fünf Gedichten in diesem Teilkapitel erhalten die SchülerInnen neben der Einführung in die Thematik einen kurzen Überblick über die Vielfalt der lyrischen Formen. Bewusst wird hier die Vorstellung durchbrochen, dass Gedichte sich unbedingt reimen müssen; vielmehr soll das Gedicht als verdichtete Sprache ins Zentrum rücken.

S. 160: Mit Reiner Kunzes **Schlafwagenlied** lernen die SchülerInnen eine Form von Lyrik kennen, in der mit Sprache und Schrift experimentell umgegangen wird. Es beginnt zwar in jeder Strophe traditionell mit einem Paarreim, reizvoll wird das Gedicht jedoch erst durch den lautmalenden Vortrag, der das monotone, einschläfernde Rattern der Eisenbahn mit der thematischen Darstellung in jeder Strophe in Beziehung setzt. So wird die Schlafwagenfahrt zu einem Erlebnis, das die Großmutter noch nicht erlebt hat. Die Begriffe *Strophe* und *Paarreim* sind wahrscheinlich aus der Grundschule schon bekannt. Sie sollten aber hier als grundlegende Lyrikbegriffe noch einmal benannt werden; auch auf die wiederkehrenden Liedelemente kann verwiesen werden. Vor diesem Hintergrund können die SchülerInnen schon eigene Erlebnisse in ähnlicher Form darlegen, z. B. zum Thema *Auf dem Rücksitz im Auto.*

Der Reiz des Gedichtes liegt darin, dass die Thematik einer Zugreise im Schlafwagen die Geräusche einer Zugfahrt mit der Melodie eines Schlafliedes kombiniert. Dies kann durch verschiedene Vortragsarten deutlich gemacht werden. Man kann das Gedicht einerseits so vortragen, dass die Schwierigkeit des Einschlafens aufgrund der Geräusche deutlich wird. Andererseits kann das Gedicht so vorgetragen werden, dass es wie ein Schlaflied klingt. Auch kann versucht werden, das Gedicht musikalisch zu bearbeiten.

S. 161: Ernst Jandl stellt in seinem Gedicht das Leben der Tiere **auf dem Land** dar, indem er versucht, deren Geräusche zu transkribieren.

Aufg. 3–4: Das Gedicht lebt erst durch den lautmalenden Vortrag (im *Kanon*), gleichzeitig kann es zum Anlass für die Produktion eigener „Geräusch-Texte“ genommen werden. Neben den Themenvorschlägen können Gedichttitel wie *Am Meer* oder *Auf dem Berg* als Schreibanlass genommen werden.

Eine formale Betrachtung kann auch von der Frage ausgehen, ob denn die zweiten Zeilen der jeweiligen Strophen unterschiedlich lang sind, weil sie unterschiedlich viele Buchstaben enthalten.

S. 162: Die beiden Goethe-Gedichte sollen die SchülerInnen veranlassen, sich selbst in die Stimmung hineinzuversetzen. Dies wird bei dem Gedicht **Meeresstille** vielleicht nicht auf Anhieb gelingen, da der Zeitbezug nicht unmittelbar hergestellt wird. Ob die SchülerInnen das Bedrohliche der Stille selbst erkennen ist fraglich, da sie vielleicht kein Schiff assoziieren, das den Wind zum Vorankommen braucht.

Aufg. 3: Die Tatsache, dass im ersten Gedicht das Versmaß Jambus, im zweiten das Versmaß Trochäus verwendet worden ist, darf jedoch keinesfalls zu der Schlussfolgerung führen, dass der Jambus immer die Dynamik und der Trochäus die Ruhe ausdrückt. Entscheidend hängt dies vom *Rhythmus* des Gedichts ab, der sich im Vortrag zeigt, was aber in der fünften Klasse noch nicht explizit thematisiert wird.

S. 163: Eugen Gomringers Gedicht **Wind** stellt die visuelle Darstellung in den Mittelpunkt, ein Aspekt, der zu vielfältigen Eigenproduktionen herausfordert. Die Aufgaben geben Anregungen dazu.

Literaturhinweise zum produktionsorientierten Umgang mit Lyrik

Waldmann, Günter: **Produktiver Umgang mit Lyrik.** Eine systematische Einführung in die Lyrik, ihre produktive Erfahrung und ihr Schreiben. 4. Aufl. Hohengehren: Schneider 1996.
Spinner, Kaspar H.: **Produktive Verfahren im Literaturunterricht.** In: ders. (Hg.): Neue Wege im Literaturunterricht. Hannover: Schroedel Verlag 1999, S. 33–41.

S. 164 – 165: Geschichten erzählen

Über die Erzählung der Scheherazade aus **1001 Nacht** können die SchülerInnen mit in die mündliche Erzählsituation hineingenommen werden. Der Text bricht an der Stelle ab, an der drei Geschichtenerzähler eingeführt werden, die jeweils ihre Geschichte erzählen wollen, um dem durch den Geist vom Tode bedrohten Kaufmann das Leben zu retten. Dies soll die SchülerInnen anregen, selbst Geschichten zu formulieren. Dabei sollte ihnen Gelegenheit gegeben werden, sich lesend Anregungen zu holen, um so das eigene mündliche Erzählen gut vorbereiten zu können.
Wenn dieser Text in Parallelklassen gleichzeitig behandelt wird, so könnten die GeschichtenerzählerInnen auch eine andere Klasse aufsuchen.

S. 166 – 169: Perspektiven

Über die beiden Textauszüge von Selma Lagerlöf und Uwe Timm wird aus der Erzähltheorie der Begriff *Erzählperspektive* – hier *Vogel-* und *Froschperspektive* – eingeführt.
S. 166–167: Der Text **Das Geheimnis des gewürfelten Tuchs** beschreibt den Anfang der Reise von Nils Holgersson, der versucht, den Gänserich festzuhalten und mit ihm in die Lüfte zu schweben. Nils Holgersson nimmt die Landschaft, über die er auf dem Rücken des Gänserichs hinwegfliegt, aus der Vogelperspektive wahr.
Aufg. 3: Die SchülerInnen sollen in eigenen Gestaltungsversuchen Dinge aus der Vogelperspektive darstellen. Dies kann mündlich dadurch vorbereitet werden, dass SchülerInnen mit Flugerfahrungen darüber berichten.
S. 168–169: Mit Uwe Timms Text **Geheimtipp Frankreich** wird der Begriff der Froschperspektive eingeführt.
Aufg. 2: Die Zugmaus sieht die Welt nicht nur aus ihrer Froschperspektive, sondern auch mit den ihr eigenen lukullischen Interessen, die gerade in Paris befriedigt werden. Von daher können sich Reiseerzählung und Reiseführer deutlich voneinander unterscheiden.
Aufg. 4: Gerade der Blick durch die Froschperspektive motiviert die Kinder, eigene Geschichten zu verfassen.

S. 170 – 171: Dehnung

Zu verschiedenen Zeiten verläuft Reisen recht unterschiedlich. Im Zeitalter der Allgegenwart von modernen Kommunikationsmitteln und schnellen Reisemitteln wirkt der Text **Bummel durch Europa** von Mark Twain schon eher befremdlich. Ist die Langsamkeit des

Reisens auch an langen Vokalen ersichtlich? Der Text kann zum Anlass genommen werden, die Markierung der langen Vokale herauszusuchen. Dabei sollte auf das Dehnungs-*h* (vgl. auch S. 216) und das *ie* verwiesen werden. Nur in Klassen, die sehr rechtschreibsicher sind, sollten auch lange Vokale angesprochen werden, die nicht markiert werden.

Aufg. 1: *Mark Twain* ist ein Begriff aus der Lotsensprache am Mississippi: *Zwei Faden (Tiefe).*

Aufg. 4–5: Der Schwerpunkt dieser Kolumne, die Dehnung, wird durch die Hinwendung zum Wort und zur Wortfamilie *fahren* angesprochen. Das Verb *führen* soll von *fahren* unterschieden werden. Bei gleicher Dehnung (mit -*h*) zeigen sie sich als regelmäßiges und unregelmäßiges Verb.

S. 172 – 173: Zusammenfassen

Jonathan Swift stellt in seiner **Reise nach Lilliput** jedem Kapitel eine kurze Zusammenfassung voran. Dabei tritt er nicht als Ich-Erzähler in Erscheinung, sondern schlüpft gleichsam in die Rolle eines späteren Herausgebers – *Der Verfasser* genannt. Die Inhaltsangaben informieren die SchülerInnen darüber, was sie in dem jeweiligen Kapitel erwartet. Sie nehmen jedoch nicht die Lust, das Kapitel zu lesen, sondern ermöglichen vielmehr ein entspannteres Lesen. Diese Wirkung können die SchülerInnen auch selbst anwenden, indem sie Zusammenfassungen für Lesetexte (z. B. aus dem Kapitel GEWINNEN UND VERLIEREN) schreiben, die zum Lesen der Geschichten anregen. Diese Texte verlangen – wie die Inhaltsangabe – das Präsens.

S. 174 – 175: Geschichten erzählen

In Siegrid Heucks **Das Kind vom Vater der Flüsse** taucht das Motiv des Erzählens von Geschichten erneut auf. Es handelt sich um eine Erzählung in einer Geschichte.

Aufg. 7: Der Erzähler fordert dazu auf, seine Geschichte zu Ende zu erzählen. Dies kann schriftlich oder mündlich erledigt werden.

S. 176 – 179: Projekt

Anhand des Gedichts **Karawane** von Hugo Ball sollen die SchülerInnen eine szenische Interpretation erarbeiten und aufführen. Dabei geht es zunächst darum, sich mit dem dadaistischen Gedicht auseinander zu setzen.

Daraufhin kann im Unterrichtsgespräch geklärt werden, welche Rollen für eine Aufführung konzipiert werden sollen und wie eine Dramaturgie in Grundzügen aussehen könnte. Zentrales Element dieses Projekts ist das Erstellen eines Textbuchs, welches dann Grundlage für eine mögliche Aufführung ist.

S. 180 – 181: Prisma

Auf der Grundlage von Sprichwörtern haben die SchülerInnen hier noch einmal vielfältige Möglichkeiten, ihre Reiseerfahrungen zu verschriftlichen oder in einer Wandzeitung zu dokumentieren. Dabei können die individuellen Erfahrungen auch in einem allgemein gültigen Sprichwort festgehalten werden.

Aufg. 4, 6: Die SchülerInnen können auch angehalten werden, weitere Sprichwörter zu illustrieren.

Weiterführende Anregungen

Mögliche Klassenarbeit

Urlaubsfahrt *Hans A. Halbey*

koffer koffer kindertragen
flaschen taschen puppenwagen
papa mama koffer kinder
autokarte notlichtblinker

früh geweckt gefrühstückt raus
winke winke schlüssel haus
autobahnen autoschlange
kinderplappern mama bange

schlange kriechen sonne heiß
stinken staub benzin und schweiß
stockung hunger mama brote
papa skatspiel radio: tote

schlafen schimpfen hupen schwitzen
weiter fahren weiter sitzen
müde mitternacht hotel pension
dreißigtausend warten schon

(Aus: Menschengeschichten. Drittes Jahrbuch der Kinderliteratur. Hrsg. von Hans-Joachim Gelberg. Weinheim: Beltz 1965.)

1. **Überlege – und notiere – welche Stimmung dieses Gedicht vermittelt.**
2. **Schreibe das Gedicht in eine Geschichte um, die du als Beobachter oder Beobachterin vom Rücksitz aus erzählst. Gib Acht, dass du die Stimmung, die das Gedicht vermittelt, übernimmst.**

Üben

S. 267 – 268: Geschichten fortführen

Der Reiz von Paul Maars Geschichte **Der fremde Planet** besteht darin, dass erst nach und nach den LeserInnen klar wird, dass diese fremde Welt und ihre Bewohner die Erde und die Menschen sind, die von einem Außerirdischen geschildert werden. Der Reisekontext wird nicht verlassen, aber in zweifacher Weise variiert, da es zum einen in das Reich der Sciencefiction geht und zum anderen nach und nach ein Perspektivenwechsel erzwungen wird: Die SchülerInnen werden nicht auf eine Reise aus menschlicher Perspektive mitgenommen, sondern reisend richtet sich der Blick auf die zurückgebliebene Menschheit – übrigens der Gulliverperspektive nicht unähnlich.
Aufg. 1–2: Die textanalytischen Aufgaben sichern das Verständnis auch durch Übertragung des von Ama Bend Geschilderten in die uns geläufigen Begriffe. Der Text enthält auf Seite 267, Z. 7 einen Fehler: Es handelt sich nicht um einen Planeten, sondern um die Sonne.

Die wichtigsten Entsprechungen zu den Begriffen Ama Bends sind:

Strahlen	Tageslicht
flache Behälter mit Gespinst	Bett mit Bettdecke
kugelförmiger Fortsatz	Kopf
Stängel	Arme und Beine
zwei dünne Häutchen	Ohren
Schwingungen	Schallwellen
Öffnung in der Kugel	Mund
Gespinst am Rumpf	Kleidung
Behälter aus gewalztem Metall	Auto
Lufthülle in sich aufnehmen	atmen
hohe Röhren	Schornsteine
kleine Behälter aus Metall	Granaten

Aufg. 3, 4, 6: Die produktionsorientierten Fragestellungen spielen mit der jeweiligen Perspektive: Einerseits soll die Geschichte weiter ausgeschmückt werden, andererseits soll Ama Bend nun Gegenstand menschlicher Untersuchung werden. Beides ist in hohem Maße geeignet, analytische und produktive Elemente miteinander zu verweben.
Dies soll ein weiterer Beitrag sein zu einem wirklichen Verständnis fiktional erstellter Wirklichkeit, das sowohl ästhetisches Genießen fördert als auch durch die Verfremdung den Blick schärft für unsere eigenen Lebensverhältnisse.

S. 269 – 270: Reisegedichte

Die ersten beiden Gedichte **Der frohe Wandersmann** und **Vom Schlaraffenland** werden sowohl in Hinblick auf das Thema Reisen als auch hinsichtlich der Textsorte analysiert.
Aufg. 1: Während im Eichendorff-Text das Reisen als Wandern selbst Gegenstand des Gedichts ist, geht es im Gedicht von Fallersleben um das Ankommen und Genießen in einem märchenhaften Nirgendwo, das Schlaraffenland heißt.

Aufg. 2: Bei der Bearbeitung der Aufgabe sollen die SchülerInnen erkennen, dass im ersten Gedicht der Genuss des Reisens im Erlebnis von Gottes Schöpfung liegt, während es im zweiten Gedicht nur um kulinarisches Wohlleben geht. Beiden Gedichten gemeinsam ist aber der Eskapismus aus der Welt der Sorgen und Nöte, aus dem Alltag.

Aufg. 3: Hier beginnt die textsortenspezifische Analyse: Im Kapitel werden der Paarreim und das Phänomen des Rhythmus angesprochen; hier im Übungsteil wird dies weiter elaboriert. Die Vermittlung der lyrischen Welt durch ein Ich zeigt sich im ersten Gedicht als miterlebend und ich-sagend, während es im zweiten Gedicht nur an der dialogischen, appellativen Anlage erkennbar ist *(Kommt, wir wollen uns begeben ..., Seht ..., Ja und habt ihr keine Flügel ...).* Diese Aufgabe sollte in enger Verbindung mit den beiden ersten Aufgaben behandelt werden, damit die Funktionalität der formalen Betrachtung im Bewusstsein der SchülerInnen nicht verloren geht.

Aufg. 4: Die selbständige Erarbeitung des Kreuz- oder Wechselreims auf der Grundlage der Kenntnis des Paarreims bietet viele Möglichkeiten der Motivation. Deshalb sollten die Begriffsvorschläge der SchülerInnen weitgehend ernst genommen werden (z. B. abwechselnder, überschlagender Reim) und als grundsätzlich gleichwertig zum konventionalisierten Begriff behandelt werden. Ob der Wechsel vom stumpfen zum klingenden Reimwort hier schon thematisiert wird, kann nur der/die LehrerIn entscheiden. Es kann aber auch sein, dass der Unterrichtsverlauf dieses erzwingt, wenn die SchülerInnen die Gedichte auf den Rhythmus hin untersuchen und dessen Wirkung beschreiben wollen, was ja Aufgabe 5 nahe legt.

Aufg. 5–6: Die Aufgaben zielen auf die inhaltliche Erarbeitung von Jambus und Trochäus. Hier wie im Nachschlageteil wird aber auf die Einführung der Begriffe verzichtet. Dies kann der/die LehrerIn ergänzen. Wichtig ist auf jeden Fall die rhythmisch-musikalische Erschließung des Unterschieds: wiegendes Schreiten und stakkatohaftes Vorwärtsdrängen.

In einer guten Klasse ist hier der Rapport zum Inhalt möglich: Der Jambus findet sich in dem Gedicht, in dem es um das Wandern selbst geht; der Trochäus dort, wo es um das Ziel geht.

Aufg. 7: Zu Albert Gabriels Gedicht **Gagarin** wird nur eine inhaltliche Frage gestellt, welche die SchülerInnen dazu führen soll, einen anderen Aspekt des Reisens zu reflektieren, nämlich den des Bewusstwerdens der Heimat, hier verstärkt durch den Blick von außen auf die Erde. Eine Verknüpfung mit dem Text **Der fremde Planet** bietet sich an.

Das Gedicht ist ebenfalls sinnvoll für eine Fortführung der formalen Untersuchung: Auch hier findet sich der Jambus, allerdings ist die Zeile nicht so regelmäßig (z. B. Verknappung der betonten Silben am Schluss der Strophe). Auch hier könnte der Wechsel von stumpfer zu klingender Endsilbe und seine Wirkung thematisiert werden.

Abenteuer Bibliothek

Inhalt und Konzeption

Das Kapitel **Abenteuer Bibliothek** stellt das Medium Buch ins Zentrum. Das Kapitel ist so konzipiert, das in einem ersten Teil der Umgang mit dem Buch und die Benutzung einer Bibliothek im Vordergrund stehen, während im zweiten Teil aus einem **Sachbuch** Informationen zum Elefanten aufgeführt sind. Ein dritter Teil führt dann zu einem Jugendbuch, in dem eine spannende Elefantengeschichte erzählt wird. **Sach-** und **Jugendbuch** können so vergleichend und z. T. als sich ergänzend betrachtet werden. Auch ein fächerübergreifendes Arbeiten (etwa mit der Biologie) ist denkbar, zumal im **Prisma** ein eigener Vortrag erarbeitet werden soll. Alle Teile des Kapitels sollen Interesse und Lesefreude wecken, was durch eine Identifikationsfigur, den Schüler Lars Schmöker, verstärkt wird.

Im ersten Teil des Kapitels, der eher informativen Charakter hat, werden Ordnungskriterien von Bibliotheken aufgezeigt, die für BenutzerInnen wichtig sind, um in Bibliotheken entsprechende Informationen beschaffen und auswerten zu können. Das Kapitel geht dabei von den eigenen Leseerfahrungen der Kinder und deren Ordnungskriterien für Bücher aus, um darauf aufbauend methodische Hilfen zur Orientierung in der Bibliothek zu geben. Dazu werden auch die entsprechenden Fachbegriffe aus dem Bereich der Bibliothek eingeführt.

Mit dem **Sachbuch** steht im zweiten Teil des Kapitels das informierende Buch im Mittelpunkt, das den SchülerInnen Wissen vermittelt, was die Grundlage für ein eigenes Urteil bildet. Hier wird aber auch darauf hingewiesen, dass das Sachbuch selbst häufig Urteile und Wertungen enthält.

Beim **Jugendbuch** stehen dagegen die ProtagonistInnen mit ihren Verhaltensweisen im Mittelpunkt. Zur Erschließung des Jugendbuches stehen produktionsorientierte Arbeitsformen im Zentrum.

Im **Prisma** haben die SchülerInnen mit Lars Schmöker so viele Informationen über die Lebensweise der Elefanten gesammelt, dass sie einen kleinen, eigenständigen Vortrag über die Gefährdung der Elefanten halten können. Methodische Hilfen für diesen Vortrag sind durch die Illustrationen gegeben. Der Prisma-Bereich wird noch erweitert, wenn schließlich jedes Kind die methodischen Fähigkeiten hat, sich in seinem Bereich Kenntnisse anzueignen und diese zu einem Vortrag auszubauen.

Die Idee, eine eigene Klassenbibliothek aufzubauen, ist in diesem Kapitel nicht angesprochen, kann sich aber sinnvoll an die Bibliotheksarbeit anschließen.

Ein gesonderter Übungsteil ist für dieses Kapitel nicht vorhanden, weil das Kapitel – bedingt durch die Thematik – so handlungsorientiert angelegt ist, dass Übungen vielfach nur vor Ort in der Bibliothek durchführbar sind. Hinweise dazu sind hier gegeben.

Das Kapitel im Überblick

Leseerfahrungen

Die Kinder reflektieren, welchen Stellenwert das Buch in ihrem Freizeitbereich hat. Sie denken darüber nach, wo und wann sie welches Buch lesen.
Sie stellen eine Liste von Lieblingsbüchern auf und entwickeln eigene Ordnungskriterien für Bücher.

In der Bibliothek

Die SchülerInnen lernen, sich in der Bibliothek anhand von Info-Tafeln zu orientieren.
Sie lernen den alphabetischen Katalog, den Schlagwortkatalog, die Karteikarte und den Computer in seiner Funktion als Katalog kennen.
Sie werden eingeführt in die Handhabung des Benutzerausweises.

Sachbuch

Exemplarisch wird gezeigt, wie SchülerInnen im Inhaltsverzeichnis eines Sachbuches gezielt nach Informationen suchen, diese sammeln, aus- und bewerten können.

Jugendbuch

Die SchülerInnen lernen die Funktion des Klappentextes kennen.
Über produktionsorientierte Aufgaben erschließen sie selbst, was mit dem Leser/der Leserin geschieht,
wenn die ProtagonistInnen vorgestellt werden,
wenn in die Handlung eingeführt wird,
wenn die Geschichte spannend wird.

Prisma

Die Kinder bekommen inhaltliche und methodische Hinweise, um selbst
einen Vortrag über Tiere vorbereiten und halten zu können.

Üben

Ein gesonderter Übungsteil ist für dieses Kapitel nicht vorhanden; Materialien finden sich hier im Kapitelteil WEITERFÜHRENDE ANREGUNGEN, S. 91 ff.

Methodisch-didaktische Erläuterungen

S. 182 – 183: Leseerfahrungen

Das Kapitel beginnt mit einem Foto, auf dem einige lesende Kinder abgebildet sind, die in einer Bibliothek sitzen. Dieses Foto soll dazu motivieren, über das eigene Lesen nachzudenken. Die SchülerInnen können mithilfe des Bildes selbst ergründen, wo bzw. wann sie am liebsten lesen. Dies kann weitergeführt werden zu einer persönlichen Buchhitliste, die auch zu einer Klassenhitliste ausgebaut werden kann.
Blickfang des Bildes ist das Plakat *Schock deine Eltern, lies ein Buch!* Anhand dieses Plakates kann darüber diskutiert werden, welchen Stellenwert das Buch – angesichts der virtuellen Medien – heute noch bei Kindern und Jugendlichen hat. Hier kann und soll bewusst Werbung für das Buch gemacht werden.
Auf der gegenüberliegenden Seite wird Lars Schmöker eingeführt, der die Kinder durch das gesamte Kapitel begleitet. Lars sitzt vor einem Bücherstapel, den es zu ordnen gilt, da Lars ein von einem Freund ausgeliehenes Buch sucht. Durch Lars werden die Kinder angeregt, nicht nur die im Schülerband abgebildeten Bücherstapel zu ordnen, sondern auch die eigenen Bücher zu sortieren. Diese Arbeitsweise führt schon an die Einteilung nach Sachgebieten in einer Bibliothek heran.

S. 184 – 186: In der Bibliothek

Um sich über Elefanten zu informieren, geht Lars in die Bibliothek. Dieser Weg kann von den Kindern selbst nachvollzogen werden, wenn sie sich ihren eigenen Weg zur Bibliothek vor Augen führen, ihn beschreiben oder ihn zeichnen (vgl. NEUE SCHULE – NEUE KLASSE). Die ersten Orientierungshilfen in der Bibliothek (Info-Tafel, unterschiedliche Karteikästen und Kataloge) lernen die Kinder mit Lars kennen; hier nutzt er diese Hilfen bei der gezielten Suche nach Literatur über Elefanten. Bewusst ist hier noch der alte Katalog mit Karteikarten aufgeführt, aber auch der Computer, der die Kataloge in den meisten Bibliotheken heute in virtueller Weise ersetzt. Auch der Computer folgt der Katalogsystematik, bietet aber auch noch weitere Möglichkeiten. Schließlich wird der Benutzerausweis in seinen Einzelheiten vorgestellt, wie es ihn in dieser oder ähnlicher Form von allen Bibliotheken gibt. Dieses Teilkapitel schließt mit einem Suchauftrag in einem Fremdwörterlexikon, womit die Nachschlagewerke ins Zentrum gerückt werden. Das Kapitel regt auch zu einem gemeinsamen Besuch einer Stadtbücherei an, um das Gelernte anzuwenden.

S. 187 – 191: Sachbuch

Hier werden Sach- und Jugendbuch zunächst nebeneinander gestellt, um eine Abgrenzung zu ermöglichen. Durch Lars werden die SchülerInnen nun mit dem Sachbuch vertraut gemacht. Dazu sollen sie aus der Perspektive von Lars (vgl. VERWECHSLUNGEN, S. 32, Schülerband) nun selbst Informationen herausstellen und zu einem Text verarbeiten, eine wichtige Vorarbeit für Referate. Problematisiert wird der Begriff des Sachbuchs im Text **Elefanten in Not**. Dieser Text verweist darauf, dass auch Sachtexte Wertungen enthalten können, während – wie zu zeigen sein wird – literarische Texte durchaus auch

Informationen vermitteln können. Die Frage nach der Wertung im Sachbuch fordert zu einem kritischen Lesen auf.

S. 192 – 197: Jugendbuch

Dieser Teil widmet sich Frederica de Cescos Jugendroman **Der Ruf der Elefanten**. Das Kapitel führt Kernstellen des Romans vor, die zugleich spannend und informativ sind. Durch erklärende Übergänge ist es den SchülerInnen möglich, den Zusammenhang des Buches zu erfassen, ohne die Leselust zu verlieren.
S. 192: Hier wird zunächst die „normale“ Vorgehensweise bei der Buchauswahl über den Klappentext beschrieben. Der Klappentext wird vorgestellt und dessen Funktion in ihrer Relevanz für die Buchauswahl ermittelt. Dieser Einstieg lädt ein, von SchülerInnen ausgewählte Klappentexte zu diskutieren.
S. 193: Der erste Textabschnitt (Der Ruf der Elefanten, S. 48–52), den Lars liest, stellt die Ankunft von Florian, dem Protagonisten des Buches, in Kenia dar. Dort lernt er seine Cousine Jodie kennen. Dieser erste Text führt die LeserInnen nicht nur in die fremde Welt Afrikas, sondern verweist auch schon auf das (vermeintliche) Kulturgefälle, das Florian unterstellt *(Die haben bestimmt keinen Mac.)*. Erkennbar wird ein Konflikt zwischen Junge und Mädchen, der sich hier andeutet und der durch die beiden Aufgabenstellungen aufgegriffen werden sollte. Dass Jodie, die scheinbar fernab von jeder Zivilisation lebt, dabei die pfiffigere und selbstsichere Person ist, stellt zum einen die Wichtigkeit gewisser zivilisatorischer Errungenschaften (wie die Beherrschung eines Computers) infrage, zeigt aber zum anderen auch die Gleichberechtigung von Junge und Mädchen.
S. 194–195: Schon der zweite Textabschnitt (Der Ruf der Elefanten, S. 114–123) führt einen völlig veränderten Florian vor, der sich bereitwillig von Jodie leiten lässt: ein Zugeständnis zugleich an die kulturelle Adaption und menschliche Sicherheit des Mädchens. Im Zentrum dieses Textes steht die Begegnung mit Polepole, einer Elefantenkuh, die Jodie schon lange kennt. Florian erhält durch Jodie viele Informationen über Elefanten (Bedeutung des Ohrenklatschens, Kühe spenden den Jungen Schatten, Elefantenfriedhof, Wasserspritzen, das große Gehirn). Allmählich eröffnet sich ihm eine faszinierende Welt. Während das Verhältnis zwischen Jodie und Florian anfangs noch distanziert war, zeigt sich Florian hier deutlich beeindruckt von seiner Cousine und ihrer Erfahrung im Umgang mit den Tieren.
S. 196–197: Der dritte Textauszug (Ruf der Elefanten, S. 175–188) zeigt kritisch, wie materielle Interessen und der Egoismus die Lebenswelt der Tiere und Menschen Kenias gefährden und zerstören: Wilderer haben Elefanten um des Elfenbeins willen getötet. Jodies Betroffenheit macht deutlich, wie sehr sich das Mädchen mit seiner Lebenswelt identifiziert. Aber auch Florian wird zum genauen Beobachter: *Polepole schien mit widersprüchlichen Gefühlen zu kämpfen ... Fasziniert beobachtete ich, wie die Elefantenkuh mit ausgebreiteten Ohren ihre Laute einfing.*
Seine Sprache wird deutlich präziser (im Vergleich zum ersten Textauszug), die Beobachtung der Vorgänge genauer (vgl. Vorgangsbeschreibung im Kapitel IM ZIRKUS). Die Spannung der letzten Textstelle regt nicht nur zum Lesen des Buches an, sondern auch zur Auseinandersetzung mit den Problemen der bedrohten Tiere, die durch ein Sachbuch ermittelt werden könnten. Hier sollten sich SchülerInnen finden, die Informationen beisteuern können. Die Erkenntnisse aus Sach- und Jugendbuch ließen sich so vereinen. Die Aufgabenstellungen am Ende dieses Teils zielen auf die Veränderungen Florians, der

Werte und Ziele seiner Lebenswelt sicherlich kritisch hinterfragen wird. Die SchülerInnen sollten an dieser Stelle mithilfe von produktionsorientierten Aufgabenstellungen zu dieser Kritik angeregt werden.

S. 198 – 199: Prisma

Das Prisma gliedert sich in zwei Teile: Zunächst wird Lars als Experte dargestellt, der seine Kenntnisse in den Dienst des Biologieunterrichtes stellt, sodann sollen die SchülerInnen selbst kurze Tiervorträge vorbereiten, ein Projekt, das sich fächerübergreifend gemeinsam mit dem Biologieunterricht realisieren ließe.

Das Prisma zielt zum einen auf die Anwendung des im ersten Teil des Kapitels erworbenen Wissens (Bibliothek), zum anderen aber auch auf die Darstellung des erworbenen Wissens vor ZuhörerInnen. Auf methodische Hilfen für den Vortrag wird hingewiesen. So wird in die Methode des Referierens eingeführt.

Weiterführende Anregungen

Zur Orientierung in der Bibliothek

1. Sich in der Bibliothek zurechtfinden

Wenn du eine Bibliothek betrittst, siehst du zuerst eine ...., die dir hilft, dich zu orientieren. Auf der Suche nach einem bestimmten Buch schaust du am besten in dem .... nach. Nun kannst du mithilfe der .... den Standort des Buches in der Bibliothek ermitteln. Willst du es entleihen, brauchst du einen .... Dabei musst du die .... beachten, damit du nicht später .... zahlen musst, wenn du das Buch zurückgibst.

(Lösungen: Info-Tafel, alphabetischen Katalog/Schlagwortkatalog, Signatur, Leseausweis/ Bibliotheksausweis, Leihfrist, Mahngebühren)

2. Bibliotheksspiel

Als Detektiv in der Bibliothek:

Geht in eure Bibliothek und versucht folgende Suchaufträge auszuführen:

a) Gesucht wird die Signatur zu: Paul Maar. Eine Woche voller Samstage.
b) Wo findet ihr Bücher über Gartenpflege? Notiert die Signatur.
c) Wie heißt der Verfasser des Buches **Rennschwein Rudi Rüssel?**
d) Wo findet ihr Informationen über Delfine?
e) Wie lautet der Titel des Buches von Hannelore Westhoff, in dem viele Feriengeschichten stehen?
f) Gibt es einen Verfasser/eine Verfasserin, der/die euren Namen trägt?

Nachschlagübungen (in der Bibliothek)

1. **Was alles in den Dingen steckt** *Franz Fühmann*

Im Traum ein Raum
Im Schmaus eine Maus
Im Messer ein Esser
In der Fahne der Ahne

(Aus: Überall und neben dir. Gedichte für Kinder. Hrsg. von Hans-Joachim Gelberg. Weinheim, Basel: Beltz & Gelberg 1989. S. 125.)

Mit dieser Strophe beginnt ein Gedicht von Franz Fühmann, in dem in Wörtern Wörter stecken.

Wisst ihr, was *Schmaus* bedeutet? Im Wörterbuch findet ihr:
Schmaus m: reichhaltige, leckere Mahlzeit.
Was bedeutet das *m* hinter dem Wort *Schmaus*? Tipp: Jedes Wörterbuch hat ein Abkürzungsverzeichnis. Schlagt dort nach.
Schaut den Begriff *Schmaus* auch in einem Lexikon nach. Was stellt ihr fest?
Wozu braucht man das Wörterbuch, wozu das Lexikon?

2. Erstellt eine Reihenfolge, nach der die folgenden Begriffe im Wörterbuch erscheinen müssten:

   Buch, Tasse, lesen, genug, schlafen, Stift, Leseratte, heute, Zirkus, Anfang, zart, von, Freund, stricken, im Folgenden, gewaltig, Berg, näseln, Taschen, fallen, suchen, Lastwagen, Heft, stolz, frech, Papier, Geld, Telefon, Bäcker, Kiste, Seil, Zucker, Spaß, sofort, Stuhl, Baum, ernst, Poster, Foto, gar, nicht, Nudeln, Aachen, Physik, Grashalm, ohne

3. Sucht euch einige Wörter heraus, zu denen ihr Wortfamilien bilden könnt:
   Beispiel: *schlafen, der Schlaf, schläfrig, schlafwandeln*

   Ordnet auch innerhalb eurer Wortfamilien die Begriffe so, wie sie im Wörterbuch erscheinen würden.
   Beispiel: *schläfrig; Schlaf, der; schlafen; schlafwandeln*

   Aus dem Wörterbuch:
   na/schen; du naschst
   Näs/chen, Näs/lein
   Na/scher, (älter) Näscher; ...

   Erklärt, warum sich das *Näschen* hier eingeschlichen hat, obwohl es doch eigentlich um das Naschen geht.

4. Erstellt zum Jugendbuchauszug (S. 196, Z. 1–4) ein Wörterbuch in alphabetischer Reihenfolge.

   Vgl. zu diesen letzten Aufgaben auch das Kapitel RECHTSCHREIBUNG LERNEN UND UNTERSUCHEN.

Mögliche Klassenarbeit

„Jede Horde besteht fast nur aus weiblichen Tieren“, erklärte mir Jodie. „Aus Schwestern, Töchtern, Cousinen und deren Kindern. Die männlichen Tiere bleiben bei ihren Müttern, bis sie zehn oder fünfzehn Jahre alt sind. Dann werden sie – ob sie wollen oder nicht – aus der Herde vertrieben.“

„Warum?“, fragte ich.

„Ach, die jungen Bullen stiften bloß Unfrieden. Sie wollen zeigen, dass sie die Stärkeren sind.“

Mir fielen die Streitereien auf unserem Schulhof ein.

„Bei uns ist das nicht anders.“

Sie nickte.

„Klar. Aber Elefantenmütter sind streng. Sie wollen keine Balgereien innerhalb der Herde. Also schicken sie die Bullen weg, sobald ihre Stoßzähne groß werden. Los! Abhauen, wir wollen unsere Ruhe haben! Die männlichen Elefanten dürfen nur einmal im Jahr die Weibchen besuchen. Dann sind alle aufeinander eifersüchtig und werden sehr aggressiv.“

„Töten sie sich gegenseitig?“

Sie schüttelte heftig den Kopf.

„So blöd sind Elefanten nicht. Sie ringen mit verschlungenen Rüsseln, Kopf an Kopf. Wenn zwei Elefanten kämpfen, kannst du das Aneinanderkrachen von Elfenbein von weitem hören. Sie kennen eine Menge Tricks und Kniffe. Aber Elefanten sind fairer als Menschen: Sobald die Rangfolge unter den Bullen geregelt ist, vermeiden sie sich ernstlich zu verletzen.“

(Aus: Frederica de Cesco: Der Ruf der Elefanten. Würzburg: Arena Verlag 1998. S. 111 f.)

Der vorliegende Textauszug enthält eine Menge an Informationen über die Lebensweise der Elefanten, aber er stammt aus einem Jugendbuch, nicht aus einem Sachbuch.

Wie könnten diese Informationen in einem Sachbuch dargestellt sein?
Schreibt dazu einen Text für ein Sachbuch über Elefanten. Überlegt euch für euren Text auch eine treffende Überschrift.

(Das Wort *aggressiv* kann erläutert werden oder aber es wird zur Aufgabe, die Bedeutung des Wortes in einem Fremdwörterlexikon nachzuschlagen.)

Rechtschreibung lernen und untersuchen

Inhalt und Konzeption

Dieses Kapitel geht von der Überlegung aus, dass im Gymnasium auf der einen Seite relativ schwierige Aspekte der Rechtschreibung behandelt werden, auf der anderen Seite aber auch Zugänge zur Rechtschreibung gefunden werden müssen, die sich von denen unterscheiden, die den SchülerInnen aus ihrer Grundschulzeit bekannt sind. Es soll versucht werden, dem Eindruck entgegen zu wirken, es handele sich bei der Rechtschreibung um ein relativ chaotisches System, das bei lauter Ausnahmen kaum zu durchschauen sei. Deshalb steht zunächst die Regelhaftigkeit im Mittelpunkt.
Die möglicherweise vorhandene Meinung, man könne hören, wie richtig geschrieben wird, soll relativiert werden, indem der Begriff der **Rechtschreibsprache** eingeführt wird: Die SchülerInnen sollen durch besonders artikuliertes Sprechen möglichst viele Informationen für die Schreibung ausdrücken. Vor allem sollen die SchülerInnen lernen, über die vorzufindende Rechtschreibung nachzudenken und durch spielerischen Umgang die vorhandene Regelhaftigkeit herauszufinden. Dabei sollen sie auch lernen, sprachliche Strukturen zu beschreiben. In diesem Sinne ist Rechtschreibunterricht immer auch Reflexion über Sprache und grammatische Strukturen. Die eigene Rechtschreibfähigkeit wird dadurch verfremdet, dass sie mit den Leistungen „intelligenter“ Computerprogramme verglichen wird.
Die einheitliche Schreibung von Wortstämmen ist ein grundlegendes Prinzip. Die Beschäftigung mit **Wortfamilien** ist allerdings nicht nur im Hinblick auf die Rechtschreibung von Bedeutung, sondern dient auch der Wortschatzerweiterung. Daran zeigt sich die Bedeutung eines großen aktiven und in seiner Struktur durchschauten Wortschatzes für die Rechtschreibleistung. Die SchülerInnen sollen erkennen, dass für die Schreibung eines Wortes die Kenntnis vieler Formen eines Wortes von Bedeutung ist. Sie müssen wissen, dass es aussagekräftigere Formen eines Wortes gibt: *rund – runder; gesagt – sagen; Zwerg – Zwerge.* KONTEXT DEUTSCH führt hierfür den Begriff *Stützform* ein.
Die **Silbentrennung** kann einmal auf der Ebene einfacher Wörter behandelt werden; es soll aber auch deutlich werden, dass in zusammengesetzten Wörtern an Wortgrenzen getrennt werden sollte, um das Lesen des Textes zu vereinfachen. Der Gesichtspunkt der Lesefreundlichkeit von Texten kann bei vielen Phänomenen der Rechtschreibung hervorgehoben werden. Eine Schwierigkeit kann bei dem silbentrennenden *h* auftreten, das von SchülerInnen nicht mit dem Dehnungs-*h* verwechselt werden sollte.
Im Kapitel **Üben** werden zu fast allen behandelten Aspekten Übungen angeboten. Ein Prinzip der ersten Übungen ist, den SchülerInnen die Bedeutung von einzelnen Buchstaben (bzw. Gruppen von Buchstaben) an bestimmten Stellen von Wörtern vor Augen zu führen. Hierdurch soll auf den Informationsgehalt hingewiesen werden, den die Orthografie den LeserInnen gibt. Einige Übungen heben das Spielen mit Sprache und mit ihrer Schreibung hervor. Hierdurch soll auch zu einem kreativen Umgang mit Sprache angeregt werden. Die SchülerInnen können dabei auch erkennen, dass selbst erfundene Wörter nicht beliebig geschrieben werden können. Im Unterrichtsgespräch kann herausgearbeitet werden, welche Schreibungen im Rahmen der deutschen Orthografie möglich und sinnvoll sind.

Das Kapitel im Überblick

Rechtschreibsprache

Die SchülerInnen sollen erkennen, dass die Lautstruktur nicht direkt in der Schreibung abgebildet wird. Sie sollen lernen, dass Sprache so artikuliert werden kann, dass zusätzliche Informationen zur Schreibung deutlich werden.

Sprache verstehen

Die SchülerInnen lernen, dass nur inhaltlich und grammatisch verstandene Sprache richtig geschrieben werden kann.

Wortfamilien

Das Wortstammprinzip soll deutlich werden. Durch die Arbeit mit Wortfamilien soll auch der Wortschatz und das Sprachverständnis erweitert werden.

Wörterbücher

Die SchülerInnen lernen, dass Rechtschreibung immer auch Korrekturprozesse einschließen muss; dabei spielen Wörterbücher eine wichtige Rolle.

Silbentrennung

Die Silbentrennung wird eingeführt. Gelernt werden soll, dass Schreibsilben eine wichtige Einheit in der Schrift sind. Deshalb wird auch das *h* an der Silbengrenze gesondert behandelt.

Dehnung

Neben der grundsätzlichen Bedeutung des Dehnungs-*h* werden auch die Verdoppelung von Vokalen und das *-ie* angesprochen.

Konsonantenverdoppelung

Die Verdoppelung von Konsonanten als Kürzungszeichen wird eingeführt. Dabei wird die Silbentrennung berücksichtigt und das Wortstammprinzip wiederholt.

Großschreibung

Neben der Erkennung von Nomen soll auch der substantivische Gebrauch anderer Wortarten erkannt werden. Dabei wird die Stellung der großgeschriebenen Wörter im Satz verdeutlicht.

Üben

Im Übungsteil werden verschiedene Aspekte wieder aufgegriffen. Dabei sind die Übungen so konzipiert, dass sie Möglichkeiten für eigene orthografische Experimente bieten und zur Reflexion über Orthografie anregen.

Methodisch-didaktische Erläuterungen

S. 200 – 201: Rechtschreibsprache

In dem Text **Lückentexte einmal anders** ist die geläufige Orthografie verfremdet, sodass die SchülerInnen erkennen, dass die deutsche Orthografie unter Umständen auch andere Lösungen hätte wählen können. Dabei kann thematisiert werden, dass Schriftsysteme historisch gewachsen sind. Der Text kann aber auch zum Anlass genommen werden, um über verschiedene Kategorien nachzudenken, mit denen über Sprache und Schrift reflektiert werden kann: Buchstabe, Silbe, Morphem (Wortbaustein), Groß- und Kleinschreibung, Wortartenzugehörigkeit.

S. 201: Aufg. 2: Die SchülerInnen sollen sich über die Kennzeichnung der Wortgrenzen durch Lücken Gedanken machen und orthografisch relevante Einheiten erkennen – a) Buchstaben; b) Silben; c) Morpheme; d) Wortlücken; e) Wortarten.

Die Vorstellung des Begriffs **Rechtschreibsprache** kehrt einen Ansatz, der vielen SchülerInnen aus der Grundschule vertraut ist, um: Nicht die Analyse gesprochener Sprache soll zur richtigen Schreibung führen, vielmehr soll die Schreibung so artikuliert werden, dass möglichst viel hörbar wird. Dabei wird den SchülerInnen deutlich, dass eine lautliche Analyse allein nicht ausreicht, sondern die Rechtschreibfähigkeit ganz wesentlich auf einem umfassenden Sprachverständnis beruht.

S. 202 – 203: Sprache verstehen

Wenn **Computer schreiben**, sollte es keine Missverständnisse geben. Es gibt sie aber doch, obwohl das Diktierprogramm auf der Ebene der einzelnen Wörter keinen Fehler macht. Jedes Wort ist als Form eines eingetragenen Wortes im Wörterbuch zu finden. Diese Texte sollten auch genutzt werden, um in der Klasse über eigene Rechtschreibstrategien zu sprechen. Fehler beruhen oft nicht auf Unkenntnis und Unwissenheit, vielmehr sind sie Ausdruck von Strategien, die nur auf den falschen Fall angewendet wurden. Wir haben beispielsweise das Nomen *Küste* und auch die Verbform *küsste*, lautlich sind die Formen nicht zu unterscheiden. Schülertexte aus Parallelklassen könnten herangezogen werden (z. B. unter dem Vorwand, ein ganz alter Computer hätte sie geschrieben), um zu überlegen, welche falschen Überlegungen denn hinter den Fehlern stecken. Wenn in **Daniels Text** der Computer gleich das zweite Wort *gründlich* klein schreibt, so kann dies zum Anlass genommen werden, um einmal über die Großschreibung von Adjektiven im Satz zu sprechen. Gibt es „sprechende Namen" in der Klasse, die als Adjektive im Wörterbuch stehen? Sind dort alle großgeschrieben (z. B. der Name *Schwarz* im Gegensatz zu *Zimmermann*)? (Zu „sprechenden Namen" finden sich auf S. 134 Anregungen.)

Aufg. 5: Die SchülerInnen werden dazu angeregt, den Satzzusammenhang als wichtige Information für die Schreibung der einzelnen Wörter zu erkennen.

S. 204 – 207: Wortfamilien

Die Schreibung im Deutschen ist in hohem Maße durch die Wortverwandtschaft bestimmt, wenn auch nicht immer, wie *alt* und *Eltern* zeigt. Die Arbeit mit Wortfamilien bietet auch die Möglichkeit zur Wortschatzerweiterung und zur Reflexion über die Strukturen der Wortbildung. Die Autoren dieses Lehrwerks sind überzeugt, dass Rechtschreibprobleme auch damit zusammenhängen, dass die Sensibilisierung für sprachliche Strukturen nicht hinreichend gelungen ist. Die Arbeit mit Wortfamilien ist ein Exempel für einen integrativen Deutschunterricht; auf den ersten Blick handelt es sich bei ihr um einen Teil des Rechtschreibunterrichts. Wirkliche Rechtschreibsicherheit kann aber nur erreicht werden, wenn sprachliche Zusammenhänge erkannt werden: *erhältlich – erhalten; Saum – säumen – Versäumnis.*

S. 204: Aufg. 1: Den SchülerInnen zeigt sich – ausgehend von Infinitiven –, dass zur Wortfamilie neben den Formen des Verbs auch Wörter anderer Wortarten gehören, die den Wortstamm enthalten. Besonders werden sie auf die Möglichkeit der Umlautung des Stammvokals hingewiesen.

S. 206: Aufg. 1–2: Es wird an das bereits bekannte Verfahren des Verlängerns von Wörtern angeknüpft.

Aufg. 4: Darauf aufbauend sollen die SchülerInnen – nach Wortarten geordnet – „verlängerte Formen" von Wörtern finden.

Stützform ist ein wichtiger Begriff in der Reflexion über Rechtschreibung. Damit soll ein Begriff angeboten werden für die jeweilige Wortform. Den SchülerInnen dürfte das Verfahren des „Verlängerns von Wörtern" bekannt sein. Auch dabei sollte wiederum auf die Rechtschreibsprache Bezug genommen werden; dabei soll den SchülerInnen aber deutlich werden, dass der akustischen Analyse immer eine satzgrammatische und morphologische vorausgehen muss. In der Umgangssprache ist der lautliche Unterschied zwischen *fahren* und *Farn* vielleicht minimal. Doch außer *tun* und *sein* gibt es kaum einsilbige Verben in der geschriebenen Sprache. Vielleicht hilft hier im Unterricht der Begriff der Schreibsilbe.

S. 208 – 209: Wörterbücher

SchülerInnen sollen lernen, Wörterbücher zu benutzen. Zunächst wird ein *rückläufiges Wörterbuch* vorgestellt. Dadurch wird das alphabetische Prinzip verfremdet.

Aufg. 2–3: Die Fragestellungen können auch dazu anregen, darüber zu sprechen, inwieweit Wortendungen auf die Wortartenzugehörigkeit von Wörtern hinweisen.

Es kann in diesem Zusammenhang auch Sprachreflexion betrieben werden, indem Wortendungen mit der Wortartenzugehörigkeit in Verbindung gebracht werden. Es kann z. B. darauf hingewiesen werden, dass Adjektive und Verben (sofern sie nicht als Nomen lexikalisiert sind) im Wörterbuch nur in Kleinschreibung auftauchen, in Texten aber nominalisiert gebraucht werden können. Beispiele: *die Grünen; das Essen; das Gelbe vom Ei.* Auch hier können Computer eingesetzt werden, mit deren Hilfe SchülerInnen in großen Textdateien beispielsweise nach Wörtern mit bestimmten Endungen suchen. Auch könnte die Leistungsfähigkeit von Rechtschreibkorrekturprogrammen thematisiert werden, die ja nur dann, wenn sie über eine exzellente Grammatikprüfung verfügen, eine Falschschreibung wie *viel* anstelle von *fiel* erkennen.

Aufg. 4–7: Die SchülerInnen sollen sich über Zweifelsfälle im alphabetischen Sortierprinzip austauschen. Dies kann an verschiedenen Wörterbüchern, Telefonbüchern oder auch an einem Bibliothekskatalog (vgl. S. 184–185) überprüft werden.

S. 210 – 215: Silbentrennung

Eine Möglichkeit der Behandlung dieser Thematik im Unterricht wäre, Silbenrätsel sammeln zu lassen. Auch können aus kleinen Textausschnitten dieses Lehrwerks Silbenrätsel erstellt werden. Dabei muss es vom Leistungsstand abhängen, ob die Texte, aus denen die Silben stammen, bei der Lösung vorliegen.

Aufg. 2: Die SchülerInnen sollen darauf aufmerksam werden, dass in der Rechtschreibsprache sehr wohl deutlich nach Sprechsilben artikuliert werden kann. Hier kann auch auf vertonte Texte eingegangen werden, bei denen jeder Silbe eine Note zugeordnet ist. Die Problematik der Silbentrennung kann auch im Zusammenhang der Behandlung eines Versmaßes (vgl. S. 162) angesprochen werden.
S. 211: Das Spiel **Wörter versenken** soll die SchülerInnen animieren, spielerisch mit Schreibsilben umzugehen. Hierzu können im Verlag Wörter-versenken-Spiel-Blöcke angefordert werden, solange der Vorrat reicht (Kunden-Service: 0 18 05/21 31 00).
Silbentrennung ist immer pragmatisch zu sehen: Sie soll den LeserInnen behilflich sein. Die **Blumentopferde** knüpfen an einen bekannten Lesefehler an, der bei zusammengesetzten Wörtern auftauchen kann. Bei solchen Wörtern sollten die SchülerInnen angehalten werden, an den Wortgrenzen zu trennen.
Aufg. 6: Die SchülerInnen sollen selbst solche Komposita finden und die Wortgrenzen markieren. Eine interessante Aufgabe in diesem Zusammenhang könnte sein, sich mit Fehlern von automatischen Silbentrennprogrammen zu beschäftigen, die ja gerade an den Wortgrenzen ihre Probleme haben.
S. 212: Die Silbentrennung ist auf der Ebene der Verteilung der Buchstaben an den Silbengrenzen relativ regulär: **Computer trennen Silben** zeigt dies. Steht nur ein Konsonant an der Silbengrenze, so gehört er zur zweiten Silbe; stehen hier mehrere Konsonanten, so nimmt die zweite Silbe nur einen; wichtig ist darauf hinzuweisen, dass *ch, sch* und *ck* von der Silbentrennung wie ein Buchstabe behandelt werden: *man-chen, trat-schen*. Dies trifft selbstverständlich nicht zu, wenn Buchstaben an Grenzen innerhalb zusammengesetzter Wörter aufeinander treffen. Dann wird an den Wortgrenzen getrennt. Dies ist ebenfalls bei vielen Präfixen (*be-stehen, ver-streuen, zer-bröseln*) der Fall.
S. 213: Ein besonderes Problem stellt das silbentrennende *h* dar, das lautsprachlich wohl nur in der Rechtschreibsprache eine Entsprechung hat. Es wird deshalb als ein schriftinternes Problem angeführt.
Aufg. 2: Es wird dafür sensibilisiert, das man hier in der gesprochenen Sprache keine lautliche Entsprechung für das *h* hört.
Aufg. 3: Die Aufgabe knüpft an das Wortstammprinzip an (S. 204–207).
S. 214: Nach *au* und *eu* steht kein silbentrennendes *h*. Es wäre sicherlich interessant, die Frage im Unterricht zu erörtern, warum sich die SchreiberInnen im Laufe der Geschichte entschieden haben, nach *au* und *eu* kein silbentrennendes *h* zu schreiben. Interessant ist auch die Schreibung von zweisilbigen Wörtern, die ein *ei* in der ersten Silbe haben. In aller Regel wird es nicht geschrieben, wenn zu Beginn der ersten Silbe oder am Ende der zweiten mehr als ein Konsonant geschrieben wird.

S. 215 – 216: Dehnung

Die Markierung der Dehnung durch ein Dehnungs-*h* erfolgt im Deutschen an der Silbengrenze der orthografischen Stützform nur dann, wenn einer der Buchstaben *l, m, n, r* folgt. Es bleibt dann in allen Formen des Wortes erhalten: *erzählen – erzählt – Erzählung – zählbar*. Es ist wichtig, im Unterricht das silbentrennende *h* vom Dehnungs-*h* abzugrenzen, da es sonst leicht zu nur schwer korrigierbaren Vermischungen in den Schülerköpfen kommt. Das Wort *ziehen* enthält das silbentrennende *h*, weil ansonsten kein Konsonant an der Silbengrenze hörbar ist. Auch dies bleibt bei allen Wortformen erhalten *(zieht, Ziehsohn)*. Das Wort *zielen* hingegen enthält kein *h*, da das *ie* schon die

Länge des Vokals markiert. Das *h* in *zieht* darf deshalb nicht als Dehnungs-*h* bezeichnet werden.
Auch bei dem Phänomen der Dehnung fordert KONTEXT DEUTSCH die SchülerInnen auf, zunächst eigene Beispiele zu sammeln. Das Dehnungs-*h* kann nur vor bestimmten Konsonanten stehen. Die SchülerInnen werden daraufhin hingewiesen, dass sie, wenn sie über die Schreibung nachdenken, die Stützformen heranziehen. Deshalb ist auch hier die Arbeit mit Wortfamilien sinnvoll. Es sollte darauf geachtet werden, dass die SchülerInnen nicht den Eindruck gewinnen, dass in diesen Fällen ein Dehnungs-*h* immer stehen muss: *malen, garen.*
S. 217: Es wird dann gezeigt, dass Wörter, die in der ersten Silbe zwei Vokale (einen Diphthong) enthalten, kein Dehnungs-*h* haben. Auch hier scheint die konkrete Arbeit mit Sprachmaterial Erfolg versprechender als das Lernen von Regeln, die dann im konkreten Schreibprozess nicht angewendet werden. Hilfreich für eine Stabilisierung der Rechtschreibsicherheit ist, wenn SchülerInnen sich erklären können, warum in bestimmten Fällen so geschrieben wird. Wichtig ist, dass die geforderte Suche nach eigenen Beispielen auch durchgeführt wird.

S. 217: Konsonantenverdoppelung

Wenn die LehrerInnen das Problem der Konsonantenverdoppelung noch einmal ansprechen wollen, so kann es sinnvoll sein, mit dem Spiel vom „pfiffigen Willi“ zu beginnen, ohne den SchülerInnen jedoch die entsprechende Seite im Schulbuch zu nennen. Den SchülerInnen werden jeweils Wortpaare genannt, die aufgrund semantischer Opposition (*Wasser – Eis; Hammer – Pfeile; Klarinette – Flöte*) zunächst in die Irre führen. Nach einer Phase des Spieles kann die entsprechende Seite in KONTEXT DEUTSCH behandelt werden. Erfahrungen haben aber auch gezeigt, dass man dieses Spiel über mehrere Stunden (jeweils 5 Minuten zu Beginn) spielen kann, bevor die ersten SchülerInnen das Prinzip erkennen. Wichtig dabei ist, dass die SchülerInnen, die das Spiel durchschauen, nicht das Prinzip verraten dürfen, sondern nur selbst Wortpaare nennen dürfen. Der Einstiegstext zu dieser Seite soll dazu dienen, dass die SchülerInnen ihr Wissen und ihre Vermutungen über die Gründe für die Konsonantenverdoppelung äußern. Dabei muss es nicht in erster Linie darum gehen, die Richtigkeit der Meinungen und Vermutungen zu bewerten. Die SchülerInnen sollten dazu angehalten werden, mit Beispielen zu argumentieren. Hinzuweisen ist allerdings darauf, dass die *Stützform* auch in der Frage der Konsonantenverdoppelung die entscheidende Größe ist. Ob es dabei angeraten ist, mit Wortpaaren zu arbeiten, die sich semantisch und grammatisch (verschiedene Bedeutungen und verschiedene Tempora) – aber nicht lautlich – unterscheiden, soll hier nicht entschieden werden: *Ich haste – ich hasste; ich faste – ich fasste.*
Zu den besonders schwierigen Fällen der Konsonantenverdoppelung (*ss, tz, ck*) finden sich im ÜBEN (S. 274–276) weitere Anregungen. Eine Zusatzaufgabe kann auch sein, Infinitive mit exakt sechs Buchstaben und zwei Konsonanten in der Mitte zu sammeln: *sin-gen, sin-nen, sin-ken, win-ken, wan-ken, war-ten.*

S. 218 – 219: Großschreibung

S. 218: Die Einstiegsseite zur Großschreibung knüpft noch einmal an das Wissen über verschiedene Wortarten der SchülerInnen an. KONTEXT DEUTSCH will hier Anregungen geben, dass SchülerInnen Wörter den richtigen Wortarten zuordnen. Solche Zuordnungs-

verfahren sind die zuverlässigste Überprüfung, ob die SchülerInnen Wörter wirklich der richtigen Wortart zuordnen können oder ob sie nur gelernte Definitionen für einzelne Wortarten nennen können (Verbalismus).
S. 219: Das Kleine ist blau – das Blaue ist groß weist die SchülerInnen auf die Möglichkeit der Großschreibung von Adjektiven und Verben im Satz hin.
Aufg. 4: Die **Geheimnisvollen Sätze** weisen indirekt darauf hin, dass in einem nominalen Satzglied mit vielen Adjektiven das am weitesten rechts stehende großgeschrieben wird. Die SchülerInnen sollten selbst solche Sätze konstruieren.

Weiterführende Anregungen

Diktatvorschläge

Oskar, der Cocker-Spaniel, saß auf dem weißen Schaffell und beobachtete aufmerksam sein Frauchen. Ab und zu legte er seinen Kopf schief oder seufzte anhaltend, als wollte er sagen: „Pfote! Nun übertreib aber nicht!" Denn Gabi, auch Pfote genannt, war aufgeregt wie 1000 Mücken. Schon zum dritten Mal räumte sie T-Shirts, Jeans, Pullover, Wäsche, Schlafanzüge, Turnschuhe und Ähnliches in den Schrank zurück, um dann andere T-Shirts, Jeans, Pullover, Wäsche, Schlafanzüge und Turnschuhe hervorzuholen und auf ihr Bett zu stapeln. Himmel! War das aufregend! Sie konnte sich einfach nicht entscheiden. Schließlich stand eine Weltreise bevor. Zwar spielte sich diese ausschließlich auf deutschem Boden ab – bzw. auf deutschem Gewässer, aber eine Weltreise – so dachte sie – ist auch nicht aufwändiger. Erschöpft setzte sie sich in ihren Kuschelsessel, was für Oscar das Signal war, sofort den Standort zu wechseln. Ohne Anlauf hopste er seinem hübschen Frauchen auf den Schoß. Und ohne Erlaubnis legte er ihr den Kopf auf die Schulter. *(156 Wörter)*

(Aus: Stefan Wolf: Der Schatz in der Drachenhöhle. Ein Fall für TKKG. ® Hannover: Pelikan 1982, S. 32)

Es folgt hier die Fortsetzung des **Gedankensammlers** von Monika Feth (Schülerband, S. 281–283):

Und Herr Grantig, der doch in langen Jahren schon allerhand mit ihnen erlebt hat, bleibt mitunter nachdenklich stehen, schüttelt den Kopf und wundert sich zum wohl hundertsten Mal darüber, dass sie so unterschiedlich sein können. Wenn er alle Gedanken aufgelesen hat, die in der Stadt zu finden sind, verschnürt er den Tornister sorgfältig und schlurft, unter der Last noch gebückter als sonst, wieder nach Hause. Dass Gedanken nämlich leicht wie Federn oder Schneeflocken sein sollen, ist ein Gerücht, nichts weiter. Manche wiegen mehr als ein halbes Pfund. Bald ist er unter meinem Fenster angelangt und zwinkert mir zu. Ich winke ihm nach und gehe dann an meine unterbrochene Arbeit zurück.

(110 Wörter)

Herr Grantig wohnt in einem Häuschen draußen hinter den Schrebergärten. Es hat zwei kleine Zimmer und einen ebenso kleinen Anbau, in dem das Klo und die Badewanne untergebracht sind. Der erste Raum ist sein Wohnkochschlafzimmer, der zweite das Arbeitszimmer. Damit kommt Herr Grantig aus. Er braucht nicht viel Platz. Weil ihn das

Laufen hungrig gemacht hat und müde, isst er zunächst eine Kleinigkeit und ruht sich danach ein bisschen aus. Dann nimmt er den Tornister und geht nach nebenan ins Arbeitszimmer. Dort öffnet er ihn und schüttelt die Gedanken auf ein großes, weiches Tuch, das er vorher auf den Boden ausgebreitet hat. Er schiebt den leeren Tornister beiseite, hockt sich hin, entwirrt und sortiert die ineinander verflochtenen Gedanken und legt sie alphabetisch geordnet in hohen Regalen ab. Unter a kommen zum Beispiel die albernen, die aufregenden, die arglosen, die angelesenen, die abgestumpften oder die altklugen Gedanken. Unter b die bahnbrechenden, die bissigen, die braven oder die betrübten Gedanken. Unter c die christlichen, die charakterfesten oder die chaotischen Gedanken. Das Einräumen erfordert Herrn Grantigs ganze Aufmerksamkeit. Gedanken sind nämlich so gut wie durchsichtig und leicht zu verwechseln. Manchmal versteckt sich ein Gedanke auch irgendwo, um Herrn Grantig eins auszuwischen. Und der alte Mann rutscht dann auf die Knie im Zimmer herum und sucht all die dunklen Ecke und Winkel nach ihm ab. Doch das kommt selten vor und nur bei den übermütigen, den ausgelassenen, den schelmischen und den gemeinen Gedanken. Und weil Herr Grantig ein friedfertiger Mensch ist, hat er den Zwischenfall spätestens dann wieder vergessen, wenn er einen besonders schönen Gedanken in den Händen hält. *(265 Wörter)*

Nachdem er mit dem Sortieren fertig ist, lässt er die Gedanken eine Weile in den Regalen ruhen, damit sie saftig werden wie ausgereiftes Obst. Das dauert ungefähr zwei Stunden. Nun holt er sie nacheinander hervor, stapelt sie behutsam in einen dickbauchigen Weidenkorb und geht mit ihnen hinaus. Draußen liegen große, sauber geharkte Beete. Herr Grantig zieht einen Gedanken nach dem andern aus dem Korb und setzt sie in die Erde. Im Winter benutzt er ein heizbares Gewächshaus aus bräunlichem Glas, das den hinteren Teil des Gartens bedeckt. Erst wenn Herr Grantig das letzte Krümchen Erde von den Händen gerieben hat, ist seine Arbeit für den Tag getan. Er rückt sich einen Sessel zurecht, legt die Beine hoch, steckt die Nase noch für ein Stündchen in die Zeitung, trinkt ein, zwei Tassen Tee und geht bald schlafen. Am nächsten Morgen rasselt in aller Frühe der Wecker. Herr Grantig schlüpft in den Bademantel und schlurft eilig zum Fenster. Und draußen auf den taugetränkten Beeten glitzern im rötlichen Tagesschimmer die herrlichsten, ungewöhnlichsten Blumen, die man sich nur vorstellen kann. Blassblau sind sie und ziegelrot, goldgelb und eierschalenweiß, manche sind gestreift, manche getupft, die einen haben zarte, schmale Blütenblätter, andere dicke, fleischige Knospen, einige Stängel sind glatt und zerbrechlich, einige rau und stark wie die Stämme junger Birken. Und alle verströmen einen wundervoll süßen Duft. Herr Grantig beeilt sich mit Waschen, Anziehen und Frühstücken. Er weiß, dass ihm nur wenig Zeit bleibt, die Gedankenblumen anzusehen. Noch ganz schläfrig trottet er hinaus, schiebt einen Liegestuhl vor die Beete und hüllt sich in eine Wolldecke. *(259 Wörter)*

Unmerklich verliert sich das Dämmerlicht. Es wird hell. Nun geschieht es. Ganz allmählich und sacht lösen sich die Blumen auf. Sie zerfallen und zerfasern sich in unzählige, winzig kleine Bestandteile, die aussehen wie Staubflöckchen, die in der Sonne tanzen. Und mit dem ersten Windstoß werden sie in alle Himmelsrichtungen verweht. Das macht eine stille Melodie von solcher Zartheit, dass Herr Grantig sie kaum hören kann. Er hält die Hand hinters Ohr und beugt sich nach vorn. Über sein aufmerksames Gesicht läuft ein Zittern. Dann ist alles vorbei. Er räumt den Frühstückstisch ab, streift den Mantel über, zieht sich die Schirmmütze tief in die Stirn, schnallt den Tornister auf dem Rücken fest und macht sich auf den Weg. Und um halb sieben biegt er wieder um die Ecke und nähert sich meinem Haus. Ich habe ihn schon so oft gebeten, mich doch nur ein einziges Mal mitzunehmen und mich zuschauen zu lassen. Vergeblich. *(153 Wörter)*

Er sagt, die Gedanken seien sehr scheu. Sobald sie einen Fremden neben ihm entdeckten, hielten sie sich versteckt. Deshalb müsse er mit dem Einsammeln immer warten, bis kein Mensch in der Nähe sei, und vorsichtshalber täglich die Route ändern. Das sei auch der Grund dafür, dass er einen hohen Zaun um seinen Garten gezogen habe. Doch an manchen Abenden erzählt er mir von der Arbeit. Woher sollte ich sonst so gut darüber Bescheid wissen? Er sitzt mir in meinem Zimmer gegenüber und dreht die Teetasse in den zerfurchten Händen. Während schwarz die Dunkelheit vor den Fenstern steht, schlägt Herr Grantig die Beine übereinander und beginnt, mit leiser Stimme zu reden. „Der Wind“, sagt er, „trägt die winzigen Teilchen der Gedankenblumen mit sich fort. Sie fliegen hoch und höher und schweben bald über den Dächern der Stadt, die noch von Schlaf bedeckt ist. Dann sinken sie nieder, dringen durch jedes Fenster, jeden Spalt und jede Ritze eines jeden Hauses, setzen sich vorsichtig auf die Stirnen der träumenden Menschen und wachsen dort zu neuen Gedanken heran. Gäbe es die Gedankensammler nicht, würden sich die Gedanken unentwegt wiederholen und irgendwann womöglich ganz aufhören.“

(190 Wörter)

Herr Grantig nimmt einen Schluck Tee, wischt sich mit dem Jackenärmel den Mund und sieht mich sanft an. „In jeder Stadt und in jedem Dorf“, fährt er fort, „gibt es einen Gedankensammler wie mich. In großen Städten sogar zwei oder drei. Nur weiß kaum jemand von ihnen, weil sie so unauffällig wie möglich arbeiten. Die meisten haben seltsame Namen. Das ist eine Tarnung. Denn wer käme schon auf die Idee, ein Mann, der etwa Grantig heißt, könne ein Gedankensammler sein?“ Dabei lacht Herr Grantig still in sich hinein, und ich bin sehr stolz darauf, dass er ausgerechnet mich ins Vertrauen gezogen hat. Wenn er dann spät in der Nacht wieder aus meinem Zimmer geschlurft ist, meine ich manchmal, ein klein wenig vom Duft der Gedankenblumen in der Nase zu haben. Und ganz entspannt und gedankenleer schlafe ich ein. *(138 Wörter)*

(Aus: Monika Feth: Der Gedankensammler. Düsseldorf: Patmos Verlag 1993.)

Üben

S. 271: Namen richtig schreiben

Der Übungsteil geht von der Schreibung von Merkwörtern aus. Wörter solcher Art – Eigennamen und Fremdwörter – nehmen aufgrund von Sprachveränderungsprozessen zu.

S. 272 – 273: Lückenhafte Texte

Anhand von Lückentexten soll erkannt werden, dass verschiedene Gruppen von Buchstaben einen unterschiedlichen Informationswert haben. Wenn die Aufgabe lautet **Alle Vokale sind verschwunden**, so kann der Text relativ leicht entschlüsselt werden. Fehlen die Konsonanten, so wird es nahezu unverständlich. Hier können sich viele Aufgaben zum Inventar des deutschen Schriftsystems anschließen: erforschen, wie groß die Fächer für die einzelnen Lettern in den alten Setzkästen sind; handschriftlich oder mit einer Proportionalschrift am PC überprüfen, wie oft die verschiedenen Buchstaben in eine Zeile passen oder eigene Texte vom Computer nach Buchstaben sortieren lassen, um eine sinnliche Vorstellung davon zu erhalten, in welchem Umfang die einzelnen Buchstaben an einem Text beteiligt sind. Für die ersten zehn Zeilen des Textes **Der Gedankensammler** (S. 268) ist dies hier einmal vorgeführt:

… … … aaaaaaaaaaaaaaaaaaaAääääbbbbbbbbBcccccccccccccccccccdddddddddd
ddddddDDDeeeeeeeeeeeeeeeeeeeeeeeeeeeeeeeeeeeeeeeeeeeeeeeeeeeeeeeeee
eeeeeeeeeefffffffFgggggggggggggGGGhhhhhhhhhhhhhhhhhhhhhhhhhhhHHiiiiiiiii
iiiiiiiiiiiiiiiiiiiiiIjkkkkKlllllllllllmmmmmmmmmmmmmmMnnnnnnnnnnnnnnnnnn
nnnnnnnnnnnnnnnnnnnnnnnNoooooooooooooOööPrrrrrrrrrrrrrrrrrrrrrrrrrrrrRsss
sssssssssssssssssssSSSSSßttttttttttttttttttttttttttttuuuuuuuuuuuuuuuuUüüüüvvvvVVww
wwwwwwwWzzzZ

S. 273: Mit den **Seltsamen Trennungen** wird die Trennung noch einmal daraufhin thematisiert, welche Bedeutung den Konsonanten an den Silbengrenzen zukommt.

S. 274 – 276: Die Konsonantenverdoppelung; tz und ck; s-Laute

Das **Doppelte Lottchen** kann bezogen werden auf den Textausschnitt von Kästner (S. 234). Wichtig ist der Hinweis auf die *Stützform*, damit die SchülerInnen den Unterschied zwischen *sie kannte (kennen)* und *die Kante* erkennen.
tz und *ck* sind Sonderformen der Konsonantenverdoppelung, da *z* und *k* nicht (bzw. nur in Fremdwörtern: *Pizza*) verdoppelt werden.
S. 275: Aufg. 3: Das Beispiel *Pizza* mag befremdlich sein, da das Wort allgemein bekannt ist. Dennoch ist wichtig, im Rechtschreibunterricht darauf hinzuweisen, dass es sich hier um eine fremde Schreibung handelt.
Aufg. 4: Interessant ist auch, dass in einer Reihe von Wörtern der Austausch von *tz* und *ck* zu sinnvollen Wortpaaren führt.
Aufg. 5: Die Frage weist die SchülerInnen darauf hin, dass mithilfe von Suchfunktionen in Textverarbeitungsprogrammen relativ einfach nach Wörtern mit bestimmten orthografischen Besonderheiten gesucht werden kann.
S. 276: Die *s*-Laute bereiten dadurch eine Schwierigkeit, dass die vorangehenden Vokale

umlauten können. Außerdem wird die Stammschreibung nicht durchgehalten, wenn der Vokal seine Qualität (Kürze – Länge) ändert.
Aufg. 4: SchülerInnen, die hier Schwierigkeiten haben, sollten angehalten werden, sich hierzu ein kleines Wörterbuch anzulegen, in denen die Angehörigen wichtiger Wortfamilien festgehalten werden: *fressen – fraß – gefressen; messen – maß – gemessen; reißen – riss – gerissen.*

S. 277: Verwandte Wörter – Wortfamilien

Auch zu dem Bereich der Wortfamilie werden Übungen angeboten, um die konstante Schreibung des Wortstammes zu festigen. SchülerInnen sollen immer darauf hingewiesen werden, sich beim Nachdenken über die richtige Schreibung auch die Bedeutung eines Wortes zu vergegenwärtigen.

S. 278: Dehnung

Die Übung zur Dehnung soll die SchülerInnen auch dazu anregen, selbst solche Lückentexte zu schreiben. Dadurch wird ein anderer „Kanal" zur Rechtschreibung trainiert. Sie müssen sich die Frage stellen, ob es sich denn im fraglichen Falle wirklich um ein Dehnungs-*h* handelt. Es sollte darauf geachtet werden, dass solche Lückenübungen stets auf der Ebene kleiner Sätze (besser noch: Texte) liegen. Orthografische Überlegungen können immer nur im sprachlichen Kontext angestellt werden. Die SchülerInnen sollen auch angehalten werden selbst solche Aufgaben zu erstellen.
Aufg. 3: Es ist hervorzuheben, dass nicht nur das Dehnungs-*h* ausgelassen werden soll, sondern auch der folgende Konsonant, da der ja (*l, m ,n, r*) in gewisser Weise für das Dehnungs-*h* verantwortlich ist.

S. 279: Sprachspiele

Das Spielen soll die SchülerInnen animieren, Sprache und Schrift auch unter formalen Gesichtspunkten zu betrachten. An einem Wort wird nur ein Buchstabe verändert und es erhält eine völlig andere Bedeutung. Solche Spiele und Übungen schulen die Konzentrationsfähigkeit und weisen SchülerInnen immer wieder darauf hin, dass Sprache und Schrift nicht nur Bedeutungen tragen und der Kommunikation dienen können, sondern dass sie auch formal strukturierte Systeme sind. Deshalb sind solche Spiele und Übungen besonders wichtig für SchülerInnen, die Deutsch nicht als erste Sprache gelernt haben, aber auch für solche SchülerInnen, deren Aussprache von dem in ihrer Region gesprochenen Standard abweichen.

S. 280: Schwere Diktate

SchülerInnen haben Interesse an Geheimsprachen und formalen Spielen mit Sprache. Dies wird in den Diktaten benutzt.
Besonders gut kann über Orthografie diskutiert werden, wenn niemand so genau weiß, wie denn ein Wort geschrieben wird. Dies ist bei Kunstwörtern der Fall, die aber immer eindeutig einer Wortart zugeordnet werden müssen, um sinnvoll über ihre Schreibung diskutieren zu können. Man schreibt *Hanten,* wenn es sich dabei um den Singular oder Plural eines Substantivs handelt, und *hannten,* wenn es sich um das Präteritum eines Infinitivs *hannen* handelt. Das Wort gibt es nicht im Wörterbuch, deshalb beteiligen sich SchülerInnen an der Diskussion über mögliche Schreibungen solcher Kunstwörter, die

(und das ist wichtig) im Kontext eines Satzes oder Textes vorkommen müssen. SchülerInnen können durch eine solche Auseinandersetzung mit Kunstwörtern erkennen, dass die Rede, man müsse ein Wort eben so schreiben wie es geschrieben werde und die Schreibweise müsse man sich merken, so nicht stimmt. Man kann sehr wohl über die Schreibung neu erfundener Wörter nachdenken und sinnvolle von sinnlosen Schreibweisen unterscheiden. Solche Übungen dienen auch der Auseinandersetzung mit den Wortarten. Wir steuern drei kleine Diktatanfänge bei, in denen jeweils eine Wortart durch Kunstwörter ersetzt ist:

Neue Verben: *Daniel und Mara giltern zum schönen See. Dort wenten schon viele Freunde. Mit den Booten laken sie bis zur Mitte des flachen Sees. Die Sonne wellt am Himmel.*

Neue Nomen: *Zwei Zaunlinge wollen unseren Löken ihre Högerei nicht gönnen. Sie versuchen, ihre Zusen zum Umluppen zu bringen. Doch unsere Löken haben keine Lest auf eine Auszweinebenlegung. Sie paddeln mit ihren Zusen schnell davon.*

Neue Adjektive: *Unseren fieken Freunden ist geiß geworden. Zur fellen Abkühlung springen sie ins hahle Nass. Sie kichern und quieken systemisch und spritzen sich griss.*

Solche Diktatanfänge, die von SchülerInnen fortgesetzt werden können, sollten der Übung dienen – und als Gesprächsanlass über die Frage, ob der Partner oder die Partnerin die „richtigen Fehler" angestrichen hat. Auch können sie als Anlass über die „richtige" Schreibung von erfundenen Wörtern herangezogen werden.

Rechtschreibung lernen und untersuchen ist einerseits eine Sache des Übens; vor allem aber handelt es sich auch um eine gedankliche Auseinandersetzung mit Sprache und Schrift.

S. 281 – 283: Gedanken sammeln

Es wird nochmals dazu angeregt, eigene Vermutungen und erarbeitetes Wissen über die Rechtschreibung in eigenen Worten zu formulieren. Auf den ersten Blick hat der Herr Grantig der Geschichte und sein Sammeln von Gedanken wenig mit Rechtschreibung zu tun. Bei näherem Hinsehen können SchülerInnen aber bemerken, dass hier ein Modell gegeben ist, den Regularitäten der deutschen Orthografie nachzuspüren.

S. 283: Die vier Aufgaben sollen die SchülerInnen anregen, ihre eigenen Überlegungen und Gedanken zur Orthografie zu formulieren. So kann der Rechtschreibunterricht Bestandteil eines integrierten Deutschunterrichts werden, in dem über Sprache und ihre Schreibung nachgedacht wird. Solches Nachdenken soll Spaß machen und vergnüglich sein. Das Ziel solchen Tuns und Nachdenkens ist und bleibt eine intuitive Rechtschreibsicherheit. Das Ergebnis des Nachdenkens soll nicht das Wissen von Rechtschreibregeln sein, vielmehr soll gelernt werden, Gespräche über Sprache und Schrift zu führen.

Sprache untersuchen

Inhalt und Konzeption

Das letzte Kapitel des Schülerbuches greift die in den vorangegangenen Kapiteln eingeführten Aspekte aus dem Bereich Reflexion über Sprache für den fünften Jahrgang noch einmal auf und fasst diese systematisch zusammen. Dabei wird der leitende integrative Ansatz beibehalten; das Kapitel ist modular aufgebaut, damit einzelne Aspekte auch einzeln bearbeitet werden können.

Das vorliegende Kapitel bietet demnach die Möglichkeit, grammatische Phänomene in ihren Zusammenhängen und in einer Gesamtschau zu sichten und das Erlernte reflektiert anzuwenden. Das Kapitel ist gedacht zu einer weiteren, kontextunabhängigen Vertiefung, aber es eignet sich auch zur Einführung.

Im ersten Teil des Kapitels werden die entscheidenden Wortarten (Nomen, Artikel, Adjektive, Verben) mit ihrer jeweiligen Funktion und Leistung im Kontext vorgestellt. Die Aufgaben dazu sind ausdrücklich rezeptiv und produktiv angelegt.

Im zweiten Teil des Kapitels rücken (in Abgrenzung von, aber auch in Anlehnung an die Wortarten) die Satzglieder (Subjekt, Prädikat, Objekte, Adverbialien) in den Blick. Bewusst geschieht dies am Beispiel eines Kurzkrimis, also einer literarischen Gattung, die sehr genaues Lesen, Beobachten und Fragen verlangt. Das detektivische Arbeiten bezieht sich in diesem Teil einmal auf die Aufklärung des Falles und zum anderen auf die Funktion der Satzglieder. So dürfte dies gerade für eine fünfte Klasse motivierend sein.

Mit **Jakobs Traum** steht im dritten Teil des Kapitels ein eskalierender Redestreit im Zentrum, der Möglichkeiten bietet, sämtliche Varianten der wörtlichen Rede zu thematisieren, anzuwenden und zu reflektieren, weil ein wesentlicher, von den SchülerInnen selbst zu schreibender Teil der Geschichte fehlt. Im Kontext des Redestreites wird auch der Imperativ und die Anrede integriert aufgegriffen.

Der letzte Teil schließt inhaltlich an den vorherigen an, wenn es darum geht, die beiden Streitenden als Gesuchte zu beschreiben. Damit rücken einmal die Personenbeschreibung ins Zentrum und zum anderen die für die Personenbeschreibung notwendigen Adjektive, hier in der Verwendung als Adjektivattribute. Gegen Ende – und nach deutlicher Abgrenzung von Wortart und Satzteil – wird fokussiert auf unterschiedliche Verwendungsmöglichkeiten eines Adjektivs im Satz: einmal als Teil eines Satzgliedes (Adjektivattribut) und einmal als Satzglied (Adverbial), was durch die Umstellprobe zu erschließen ist.

Das Kapitel im Überblick

Wortarten

Das Gedicht **Ein Käfig**, in dem vorwiegend Nomen, gezielt und bewusst der bestimmte und unbestimmte Artikel und ein Adjektiv in seinen Steigerungsformen verwendet werden, bietet sich an, die entsprechenden Wortarten zu reflektieren. Die Leistung dieser Wortarten wird in den Aufgaben zum anschließenden Lexikonartikel aus **Microsoft Encarta** noch einmal bedacht; vor allem steht aber hier die besondere Leistung des Verbs im Zentrum.

Zur Einführung in die Wortarten vgl. die Kapitel NEUE SCHULE – NEUE KLASSE, VERWECHSLUNGEN und GEWINNEN UND VERLIEREN im Schülerband.

Satzglieder

Der inhaltlich im Zentrum stehende ungelöste Kurzkrimi muss zunächst aufgeklärt werden. Damit rückt auch Frau Schultes in den Blick, die im entscheidenden Teil der Erzählung die Rolle der Detektivin und damit sprachlich die Rolle des Satzglieds Subjekt übernimmt. Mit ihren Satzaussagen wird auf das Prädikat als Satzkern verwiesen und von da aus auf die einzelnen Objekte. Um eine übermäßige Komplexität zu vermeiden, werden Adverbialien (lokale, modale, temporale und instrumentale) im Kontext einer anderen Textstelle erarbeitet, in der das Fußballspiel der Kinder im Mittelpunkt steht.

Zur Einführung in die Satzglieder vgl. die Kapitel IM ZIRKUS und EINE SCHRECKLICHE ENTDECKUNG im Schülerband.

Wörtliche Rede

Die Zeichensetzung in der wörtlichen Rede und die unterschiedliche Stellung des Begleitsatzes werden hier im Zusammenhang eines Redestreits thematisiert. Dabei werden auch die Zeichensetzung bei der Anrede, die Verwendung des Imperativs und die Aufforderung in Form einer Frage aufgegriffen. Die inhaltliche Betrachtung des eskalierenden Streits kommt dabei nicht zu kurz und wird – unter Anwendung der wörtlichen Rede – auch von den SchülerInnen weitergeführt.

Zur Einführung in die wörtliche Rede vgl. das Kapitel ES WAR EINMAL im Schülerband.

Adjektivattribute

Es geht um Elemente und Gliederung der Personenbeschreibung, wozu Adjektive, hier in der Verwendung als Attribute, unabdingbar notwendig sind. Besonders hervorgehoben wird hier im letzten Teil des Kapitels, dass Adjektivattribute Teil eines Satzgliedes und nicht – wie als Adverbialien verwendete Adjektive – eigenständige Satzglieder sind, was durch die Umstellprobe zu erschließen ist.

Zur Einführung in die Adjektivattribute vgl. das Kapitel EINE SCHRECKLICHE ENTDECKUNG im Schülerband.

Methodisch-didaktische Erläuterungen

S. 220 – 223: Wortarten

Das Gedicht Ein Käfig, in dem thematisiert ist, wie sich ein Vogel in einem Käfig fühlen könnte, führt in dieses Teilkapitel ein. Die dreifache Gliederung wird durch die Strophenform, die Drucktechnik und schließlich durch die Steigerung des Adjektivs „gut“, das man in der ersten Strophe ergänzen könnte, deutlich. Das Gedicht kommt ohne Verben aus, sodass eine Fokussierung auf Nomen (häufigste Wortart), Artikel (bestimmt und unbestimmt) und Adjektive nahe liegt.

Aufg. 1: In ihren Eindrücken zum Gedicht werden die SchülerInnen der Position des lyrischen Sprechers zunächst wohl zustimmen, dass der beste Käfig eine geöffnete Tür ist. Vielleicht haben die Kinder aber auch schon die Erfahrung gemacht, dass der geöffnete Käfig für einen Vogel nicht die Freiheit, sondern den Tod bedeuten kann. Erfahrungen dieser Art sollen hier – bezogen auf das Gedicht – thematisiert werden.

Aufg. 2: Die Aufgabe zielt weiter auf den Inhalt, nimmt aber auch die Wortart Nomen in den Blick. Das Gedicht erzielt seine Wirkung durch die Aufzählung der Nomen. Die bezeichneten Gegenstände sichern lediglich das Überleben des Tieres im Käfig (erste Strophe); die Schaukel ermöglicht schon den besseren Käfig (zweite Strophe).

Die auf diese Aufgabe folgende Info-Box fasst wesentliche Aussagen zum Nomen und seiner Leistung zusammen, wie sie in den vorangegangenen Kapiteln eingeführt worden sind.

Aufg. 4: Nach Genus, Numerus und Kasus eindeutig zu bestimmen sind die Überschrift und der erste Vers einer jeden Strophe (maskulinum, Singular, Nominativ). Genus und Numerus der anderen Nomen sind auch eindeutig. Der Kasus dieser Nomen ist es jedoch nicht, weil sie in einer Aufzählung ohne Artikel stehen. Damit wird der Blick geweitet auf die nächste Wortart.

Aufg. 5: Der unbestimmte Artikel bezeichnet den Käfig nicht näher, in der letzten Strophe muss jedoch (wegen des Superlativs „beste“) der bestimmte Artikel verwendet werden. Durch die Nomen, die ohne Artikel aufgeführt werden, wird das Karge des Käfigs besonders deutlich. Eine Info-Box fasst auch hier die Leistung des Artikels zusammen.

Aufg. 6: Das Adjektiv „gut“, in der ersten Strophe nicht erwähnt, in der zweiten im Komparativ, in der dritten im Superlativ verwendet, dient der eindeutigen Wertung des Gegenstands „Käfig“ und damit der Strukturierung des Gedichtes. Wird das Adjektiv durch ein anderes ersetzt, so ändert sich damit auch die Bewertung und Beschreibung des bezeichneten Gegenstands.

Aufg. 7: Es gibt Adjektive, die regelmäßig, und solche, die unregelmäßig gesteigert werden.

S. 222: Mit dem Lexikonartikel über die Papageien ist eine thematische Einheit mit den ersten beiden Seiten gewahrt. Die schon behandelten Wortarten können noch einmal reflektiert betrachtet werden; das Verb kommt hinzu.
Aufg. 8: Die hier weitgehend als Adjektivattribute (was hier noch nicht zu thematisieren ist) verwendeten Adjektive dienen zumeist der genauen Beschreibung der Papageien.
Aufg. 9: Der Lexikonartikel bietet eine große Hilfe zur Bearbeitung dieser Aufgabe. Es bietet sich an, sich auf das Gefieder und den Schnabel zu konzentrieren.
Aufg. 10: Die hier aufgeführten Verben zeigen meistens an, was ist. Sie tragen zur Beschreibung bei, wie es für einen Lexikonartikel typisch ist.
Aufg. 11: Auch wenn das zeitunabhängige Präsens noch nicht eingeführt ist, können die SchülerInnen erkennen, dass das Präsens hier verwendet wird, weil die Beschreibung immer gilt.

S. 224 – 227: Satzglieder

Der Reiz dieses Kurzkrimis besteht einmal darin, dass er von den SchülerInnen selbst gelöst werden muss. Dies setzt ein sehr aufmerksames und konzentriertes Lesen voraus. Zum anderen kann die detektivische Arbeit genutzt werden, um Satzglieder zu bestimmen.
Aufg. 1: Als Physiklehrerin erkennt Frau Schultes sofort, dass das Fenster nicht von außen, sondern von innen zertrümmert worden ist, weil die Scherben im weiten Umkreis auf dem Schulhof liegen. Hätten die Kinder das Fenster eingeschossen, wären Scherben und Ball im Schulgebäude zu finden gewesen.
Der Verlauf des zu entwerfenden Gesprächs hängt ganz vom Charakter des Rektors ab. Er könnte das Gespräch z. B. ruhig und gelassen führen, aber auch vorwurfsvoll und wütend. Über den Charakter des Rektors sollte vor der Erstellung des Gesprächs gesprochen werden; dabei sind unterschiedliche Charakterentwürfe wünschenswert. Frau Schultes wird das Gespräch aufgrund ihres im Text geschilderten Verhaltens eher kühl und überlegen angehen. Das hier zu erstellende Gespräch wird nach Erarbeitung der Satzglieder noch einmal überarbeitet (vgl. Aufgabe 9.)
Aufg. 2: Frau Schultes taucht erst nach der Zerstörung des Fensters (Z. 45) auf. Sie wird als strenge, aber gerechte Lehrerin vorgestellt. Wenn sie als Detektivin agiert, ist sie Subjekt der Handlung und füllt auch syntaktisch die Rolle als Subjekt aus.

Aufg. 3: Die Prädikate in diesem Teil (Z. 45–64) des Textes charakterisieren Frau Schultes. Sie durchschaut den Vorgang: *kam geeilt, betrachtete die Splitter; die Kinder sind unschuldig; sie lächelte und war sich ihrer Sache sicher, sie haben die Scheibe nicht eingeschossen.*
Aufg. 4: Bei der ersten Erwähnung des Namens von Frau Schultes ist die Ersatzprobe nicht sinnvoll, weil der Leser dann nicht weiß, wer in der Handlung die Hauptrolle spielt; danach ist die Ersatzprobe immer möglich, weil sie die einzige weibliche Hauptperson ist. Ihr Name und ihr Beruf *(Lehrerin)* werden aber zum leichteren Verständnis des Textes mehrfach erwähnt.
Aufg. 5: Akkusativobjekte: *einen Stapel von Heften, die Klassenarbeit von der Sechsten, Mathematik und Physik, die Splitter und Scherben, die Kinder, die Lehrerin.* Dativobjekt: *dem Rektor.* Genitivobjekt: *ihrer Sache.*
Mithilfe des in der Info-Box gegebenen Überblicks über die Satzglieder Subjekt, Prädikat und Objekt können die SchülerInnen die Aufgaben 2–5 eigenständig lösen.
Aufg. 6: Um eine zu große Komplexität zu vermeiden, werden die Adverbialien an einer anderen Textstelle erarbeitet, die sich gerade deshalb eignet, weil hier Ort, Zeit und die Spielweise der Kinder im Mittelpunkt stehen.
Lokaladverbialien: *an der Mittellinie, zu Tobias, auf seinen Oberschenkel, ins andere Feld, über die Mittellinie, ins gegnerische Feld, auf dem Schulhof, in der großen Scheibe, zum Tatort.*
Temporaladverbialien: *vor Kevin, sofort, plötzlich*
Modaladverbialien: *gefühlvoll, mit einem wuchtigen Schlag, ohrenbetäubend*
Instrumentaladverbialien: *mit der Brust, mit dem Kopf*
Im Zusammenhang mit den Adverbialien kann auch die Wortart Präposition noch einmal aufgegriffen werden. Vorsicht: Eine Nominalgruppe mit Präposition ist nicht unbedingt auch ein Adverbial, sondern kann auch Präpositionalobjekt sein: Tessa lauerte *auf ihren Einsatz.* Das Präpositionalobjekt wird in der fünften Klasse noch nicht eingeführt.
Aufg. 7: Auf der Grundlage der Info-Box zu den Adverbialien und mithilfe der Umstellprobe können die SchülerInnen nun alle Satzglieder bestimmen:
Kemal (Subjekt) *schnappte* (Prädikat, Personalform des Verbs) *Kevin* (Dativobjekt) *die Kugel* (Akkusativobjekt) *vor der Nase* (Lokaladverbial) *weg* (Teil des Prädikats).
Für einen kurzen Augenblick (Temporal-/Modaladverbial) *betrachtete* (Prädikat) *Frau Schultes* (Subjekt) *die Splitter und Scherben, die sich im Umkreis von etwa fünf Metern auf das Pflaster des Schulhofes ergossen hatten* (Akkusativobjekt).

Mit verkniffenem Mund (Modaladverbial) *starrte* (Prädikat, Personalform des Verbs) *ihr* (Dativobjekt) *der Hausmeister* (Subjekt) *hinterher* (Teil des Prädikats).
Durch die Umstellung ändert sich der Sinn, je nachdem mit welchem Satzglied der Satz beginnt.
Aufg. 8: Diskussionswürdig sind folgende Sätze:
„Wie wär's mit Fußballtennis!", schlug Tessa vor. (eine Aufforderung in Form eines Fragesatzes)
„Ausgerechnet Frau Schultes, die gestrenge Mathe- und Physiklehrerin, nahm die Schüler in Schutz?" (eine Frage in Form eines Aussagesatzes)
Der Satzstern zeigt hier noch einmal in der Gesamtschau die im Zirkuskapitel in Einzelheiten erarbeiteten Satzglieder. Das Modell des Satzsterns wird in den kommenden Bänden in dem Kapitel SPRACHE UNTERSUCHEN systematisch erweitert.
Aufg. 9: Nach der analytischen Erarbeitung der Satzglieder ist jetzt durch Überarbeitung der Ergebnisse zur ersten Aufgabe eine reflektierte Anwendung möglich.

S. 228 - 231: Wörtliche Rede

In **Jakobs Traum** ist die **Fabel-Geschichte** von Roderich dem Gerechten und Ferdinand dem Friedlichen erzählt, die – im Gegensatz zu ihren sprechenden Beinamen – von solcher Machtgier geprägt sind, dass sie sich gegenseitig auslöschen wollen. Die Machtgier der beiden Fantasietiere zeigt sich in der gegenseitigen – humorvoll dargestellten – „Aufrüstung": Sie scharen weitere Fantasietiere als Untergebene um sich, um einen „Krieg" vorzubereiten. Als sich die Untergebenen ihrer Rolle bewusst werden, fliehen sie. So ihrer Macht beraubt, sind die Protagonisten „gezwungen", Freundschaft zu schließen. In der Geschichte bleibt offen, wer Jakob ist, der die erzählte Handlung träumt.
Aufg. 1: Der Streit zwischen Ferdinand und Roderich eskaliert, weil beide immer mehr Tiere um sich scharen, um dem anderen die eigene Macht zu demonstrieren. In diesem Streit steht das Rededuell im Vordergrund. Die Zeichensetzung in der wörtlichen Rede fasst die Info-Box systematisch zusammen.
Aufg. 2: Der Begleitsatz steht nie vor der wörtlichen Rede, weil in der vorliegenden Geschichte der offene Schlagabtausch darunter leiden würde, der sich erst durch das unmittelbare Aufeinanderprallen von Rede und Gegenrede entfaltet. Der Begleitsatz kann fehlen, weil der Kontext deutlich macht, wer spricht.

Aufg. 3: Folgende Formulierung ist möglich: Die wörtliche Rede steht in Anführungszeichen. Zu Beginn der wörtlichen Rede stehen sie unten; am Ende stehen sie hinter dem Satzschlusszeichen oben. Wenn der Begleitsatz vor der wörtlichen Rede steht, so endet dieser mit einem Doppelpunkt. Ist der Begleitsatz eingeschoben, so wird er durch Komma von der wörtlichen Rede getrennt. Ist er nachgestellt, so wird die wörtliche Rede ebenfalls durch Komma vom Begleitsatz getrennt. Allerdings fehlt dann beim Aussagesatz das Satzschlusszeichen in der wörtlichen Rede, Frage- und Ausrufungszeichen stehen jedoch am Satzende der wörtlichen Rede.
Aufg. 4: Durch die Frageform wird der Umgangston zwischen den beiden Streitenden höflicher, was aber der Situation nicht angemessen ist.
Aufg. 5: Unter Beachtung von Einleitung und Ende haben die SchülerInnen viele Möglichkeiten, selbst zu entfalten, wie die untergebenen Tiere sich ihrer Rolle bewusst werden. Dabei müssen sie die wörtliche Rede anwenden, zudem können sie noch weitere Fantasietiere erfinden.
Das Original sei hier zitiert, muss jedoch keineswegs als Vorlage für die SchülerInnen benutzt werden:
Nach einer weiteren Steigerung kommt ein Vogel, der den beiden Streitenden ihr Verhalten vorhält:
„Ihr seid wahnsinnig! Ihr wollt weder Frieden noch Gerechtigkeit! Ihr wollt nur mehr Land und Reichtum! Mit List und Versprechungen habt ihr euch die dummen Tiere gefügig gemacht!“
Er schlug aufgeregt mit den Flügeln und wiederholte nochmals bekräftigend: „Ihr seid wirklich wahnsinnig!“
„Meine Damen und Herren“, krächzte der Vogel, „kommt zur Vernunft! Die Halunken haben euch mit der Aussicht auf reichlich Futter angelockt. Glaubt nur nicht, dass sie sich grämen, weil euer Hunger immer größer wird. Sie wissen, dass ihr nur kämpft, wenn ihr hungrig seid. Sie wissen, dass satte Tiere friedliche Tiere sind. – Geht dahin, wo ihr hergekommen seid. Lebt wieder so, wie ihr früher gelebt habt, dann ist es gut.“ Die Tiere erwachten wie aus einem bösen Traum. [...]

(Aus: Frank Ruprecht: Jakobs Traum. Aus: Kinder, wie die Zeit vergeht. Hrsg. v. Hansjörg Weitbrecht. Stuttgart, Wien, Bern: Thienemann 1999, S. 170 f.)

Aufg. 6: Der Traum kann als Wunschtraum gedeutet werden, aus dem Jakob in dem Moment des Happy-End erwacht.

S. 232–233: Adjektivattribute

In Anbindung an **Jakobs Traum** wird hier die für einen Steckbrief notwendige Personenbeschreibung aufgegriffen.
Aufg. 1: Unter Berücksichtigung der Info-Box können die SchülerInnen treffende Adjektive zur Vorbereitung der Personenbeschreibung sammeln.

Aufg. 2 und 3: Beim Steckbrief geht es darum, möglichst viele Adjektive als Attribute (Teile eines Satzglieds) zu gebrauchen. Auch wenn die Info-Box explizit darauf hinweist, ist es durchaus möglich, dass einige SchülerInnen Adjektive auch als Adverbialien (eigenständige Satzglieder) verwenden, ohne sich des Unterschiedes bewusst zu sein. Durch die Umstellprobe ist eine Unterscheidung möglich. Eine solche Unterscheidung ist jetzt, nachdem die Phänomene behandelt und begrifflich gesichert worden sind, notwendig.
Die in der Erzählung vorgestellten Fantasietiere (der Grimme Wadenbeißer, der Gerüsselte Gurgelwürmer usw.) sind auch durch Adjektivattribute näher charakterisiert, allerdings werden die Adjektivattribute hier großgeschrieben, weil sie zusammen mit dem Nomen als Eigennamen verwendet werden. Falls dies von Schülerseite thematisiert wird, kann diese Besonderheit aufgegriffen werden.
Aufg. 4: *Die tief liegenden, geschlitzten Augen* (Subjekt) *wirken* (Prädikat) *bedrohlich* (Modaladverbial). Hier sind Partizipien wie Adjektive behandelt.
Aufg. 5: Die Bedeutung der Adjektivattribute im Steckbrief richten sich ganz nach den ausgewählten Adjektiven. Grundsätzlich dienen sie der genaueren Bezeichnung des Nomens.
Aufg. 6: Eine kreative Aufgabe zur weiteren Übung der Personenbeschreibung.

Literaturhinweise zur Textgrammatik

Weinrich, Harald: **Textgrammatik der deutschen Sprache.** Mannheim: Dudenverlag 1993.

Lösungen zum Übungsheft

Seite 6, Aufgabe 4
Bild 1 li: Jetzt kommt's drauf an! re: Passen Sie doch auf!
Bild 2 li: Ein Mann lief in die Bank und hat mich umgestoßen. re: Was ist denn mit dir passiert?
Bild 3 (von links): Um Gottes Willen! - Der wird doch nicht schießen!? - Hände hoch! Ganz ruhig bleiben, sonst knallt's ! - Das ist der Mann! - Dem werd ich's zeigen!
Bild 4 (von links): Ja, was macht der denn? - Hurra! - Du wirst keine kleinen Jungen mehr umrennen! - Oh, klasse!
Bild 5: Sag, dass es dir Leid tut!
Bild 6 (von links): Mist! Daneben gegangen! - Was ist denn eigentlich los? - Hoch soll er leben! - Was für ein Held!

Seite 7, Aufgabe 5
Sohn, Bild 1: Schreck, Angst, Zorn, vermittelt durch Tränen, Augenreiben und auf Täter in der Bank weisen **Bild 2:** Genugtuung, Schadenfreude, vermittelt durch Lächeln und aufrechte Körperhaltung, fast auf Zehenspitzen stehend
Vater, Bild 1: Frage, Empörung, vermittelt durch hochgezogene Augenbrauen, offenen Mund; gebückte Körperhaltung vermittelt Zuwendung zu seinem weinenden Sohn **Bild 2:** Staunen, Nichtbegreifen, vermittelt durch Fehlen jeder Mimik: Mund nicht zu sehen, verschwindet hinter Schnurrbart; Umwenden zum Bankräuber, um Klarheit zu gewinnen: Warum führt ihn denn die Polizei ab?
Bankräuber, Bild 1: Er will Angst einjagen, Entschlossenheit zeigen, er meint es ernst, die vorgestreckten Revolver sollen Angst einflößen **Bild 2:** Mimik nicht zu sehen; gesenkter Kopf zeugt von Niedergeschlagenheit.
Bankangestellter, Bild 1: Angst, erkennbar an heruntergezogenen Mundwinkeln und hochgezogenen Augenbrauen, die dem Befehl „Hände hoch!" folgen.
Bild 2: Erleichterung, Freude, vermittelt durch Lachen, strahlendes, freudiges Gesicht, entspannte Gesichtszüge, aufrechte Körperhaltung.

Seite 8, Aufgabe 6
Bild 1: Zack! Autsch! **Bild 4:** Klatsch! **Bild 5:** Klitsch-Klatsch!

Seite 8, Aufgabe 7
Einleitung: Vater und Sohn sollten heute ein besonderes Abenteuer erleben. Es zeigte einmal mehr, dass kleine Ursachen eine große Wirkung haben können und man zum Helden wider Willen werden kann.
Schluss: Lange noch grübelte Vater darüber nach, was alles hätte passieren können. Denn er allein wusste, dass er eigentlich kein mutiger Held war.

Seite 10, Aufgabe 1
Wer?: Hajo, sein Bruder Bernd und drei Freunde: Max, Jan und Piet; Hajos und Bernds Eltern: Nina und Tim; Hajos und Bernds kleine Schwester: Jule; das Ehepaar Maier
Wo?: in einem Hafencafe am holländischen Ijsselmeer
Wann?: nach einem Bootsausflug aller; offensichtlich spielt die Geschichte im Sommer.
Was?: Hajo ist beim Spielen ins Hafenbecken gefallen und kann das Wasser nicht verlassen.

Seite 10, Aufgabe 2
Einleitung: nach Bootsausflug gemütliche Runde im Cafe
Hauptteil: plötzlich Bernd angerannt, sehr aufgeregt, erzählt sprudelnd von Unfall: Fangen auf den Booten gespielt, zu fünft
Höhepunkt: Plötzlich stolpert Hajo über Tau, fällt kopfüber ins Wasser, geht alles so schnell, ist plötzlich weg, nur noch Füße zu sehen, Hajo kommt nicht hoch, wir können ihn nicht aus dem Wasser ziehen, er hält sich am Schwert fest. Ich bin ganz schnell hergelaufen. Die Erwachsenen sind schon bei Bernds ersten Worten aufgesprungen und zum Hafenbecken gelaufen.
Schluss: Ob sie Hajo noch helfen können?

Seite 11, Aufgabe 3
schoss; flitzen; hetzte; sprang; rannte; eilte; stolperte

Seite 12, Aufgabe 5
Für die Er-Perspektive spricht, dass mehr erzählt werden kann, als Bernd in der Eile selbst wahrnimmt. Wir werden in die Rolle von Beobachtern gesetzt.
Für die Ich-Perspektive spricht, dass man die Situation intensiver miterlebt: Man schlüpft in die Haut Bernds und erlebt seine Angst um seinen Bruder und seine Aufregung.

Seite 13, Aufgabe 6
nächsten; alten; genügend; älterer; uraltes; historischen; wunderschönes; flachen; mächtigen; alt; kleine; schön; meiste; ruhigen; frühen; schwachen; stärkeren; hübsches; alten; vielen

Seite 14, Aufgabe 7
Schrecken: Ich war erschrocken, ich erstarrte vor Schreck, ich war wie gelähmt, mein Herz hämmerte wie wahnsinnig.
Angst: Ich hatte Angst, mein Herz rutschte in die Badehose, ein Angstschauer lief mir über den Rücken, die Furcht vorm Ertrinken schnürte mir die Kehle zu.
Hoffnung: Ich hoffte, ich wartete sehnlichst auf Rettung, ich setzte mein Vertrauen in unsere Eltern, ich wünschte mir, es wäre nur ein Traum.

Seite 16, Aufgabe 2
Höhepunkt: In Hebels Geschichte durchschaut der Richter das Spiel des lügnerischen Verlierers, der sich nur um das Lösegeld drücken will. Deshalb wendet der Richter einen Trick an: Er erklärt, dass der Finder offensichtlich das Geld eines anderen gefunden habe. Deshalb solle er das gefundene Geld behalten, bis sich der wirkliche Verlierer melde, und der Verlierer, der angeblich 8000 DM verloren hat, müsse warten, bis sein Geld gefunden werde.

Die Schüler werden natürlich, wenn sie die Geschichte nicht kennen, andere Möglichkeiten der Lösung finden. Die Bandbreite reicht erfahrungsgemäß von kriminalistischen Verhörmethoden bis zu einem deus ex machina in Gestalt eines plötzlich auftauchenden Zeugen, der die Version des Finders bestätigt. Wichtig ist, dass die Schülerlösung sich in die Geschichte einpasst und nicht zu groben Unwahrscheinlichkeiten greift.

Seite 17, Aufgabe 1

Neustadt, den 3.7.2000

Hallo Paul,
Stell dir vor, was heute Nacht passiert ist: Mein Meerschweinchen hat zwei Junge bekommen! Da wird Vater nicht begeistert sein. Er hat gedacht, es ist ein Männchen. Hoffentlich will er nicht, dass ich sie weggebe. Ich möchte sie so gerne behalten! Denn das eine Meerschweinchen ist ganz klein und das andere hat ein ganz zartes Fell mit ganz vielen Wirbeln. Sie sind weiß. Willst du sie dir nicht einmal ansehen? Ich will sie Micki und Finchen nennen. Sie laufen schon jetzt ganz munter im Käfig herum.
Bis bald
dein Anton

Seite 18, 19, Aufgabe 3
Antons Brief:
Adresse: Name, Straße und Stadt **Datum:** Ort und Datum **Anrede:** Hallo Paul **Text:** ausformulierte Sätze, kein Betreff, da kein Geschäftsbrief, für alle verständliche Wörter **Gruß:** Bis bald
Pauls E-Mail:
Adresse: E-Mail-Adresse ohne Stadt und Straße **Datum:** fehlt **Anrede:** Hi Anti **Text:** kurze, teilweise auch unfertige Sätze, Betreff steht vor der Anrede, Insiderslang: message, :) = Smilie **Gruß:** Cya = See Ya (=You)

Seite 19, Aufgabe 4
g oder <g> bedeutet: Grins! (Imperativ zu grinsen)
„lol“ bedeutet: laughing out loudly
„rotfl“ bedeutet: rolling on the floor laughing
„l c“ bedeutet: I see
„mom“ bedeutet: moment
„k“ bedeutet: o. k.
„imho“ bedeutet: in my humble opinion
„asap“ bedeutet: as soon as possible

Seite 20, Aufgabe 1
Eine Schlafmütze: ein langsamer, langweiliger Mensch
Du Dreckspatz: jemand, der schmutzig ist
Bist ein lustiger Vogel: stets zu Späßen aufgelegt
So eine Labertasche: jemand, der viel erzählt, alles weitergibt
Ein stilles Wasser: ein zurückhaltender Mensch
Du Kichererbse: Person, die immer kichert

Seite 20, Aufgabe 2
Lachsack, Trauerkloß, verrücktes Huhn, Lackaffe, eingebildeter Pinsel ...

Seite 21, Aufgabe 3
Die treulose Tomate ist jemand, der einem etwas verspricht und es dann nicht einhält.
Der Stockfisch ist eine Person, der man alles entlocken muss, weil sie nichts sagt.
Die Lachtaube ist ein Mensch, der stets gut gelaunt ist und viel lacht.

Seite 21, Aufgabe 4
der Wald, der Grund, der große Bär

Seite 21, Aufgabe 5
Die Endungen der Wörter sind gleich, d. h., die Unterscheidung zwischen Verb und Nomen lässt sich nicht mehr mithilfe der Endung bestimmen.

Seite 22, Aufgabe 6
die schlauen Füchse; die wachsamen Katzen; die flinken Eichhörnchen

Seite 22, Aufgabe 7
Maskulinum: Hase, Floh, Schmetterling, Pinguin, Dachs, Uhu, Biber, Hirsch, Vogel, Löwe
Femininum: Laus, Wespe, Schlange, Kuh, Motte, Mücke, Giraffe
Neutrum: Huhn, Lamm, Reh, Wildschwein, Zebra

Seite 22, Aufgabe 8
Maskulinum: Maulwurf, Hecht, Hund, Wal, Specht ...
Femininum: Ameise, Hummel, Fliege, Drossel ...
Neutrum: Krokodil, Nilpferd, Nashorn, Warzenschwein ...

Seite 23, Aufgabe 1
Die Wörter geben das entsprechende Objekt durch den Artikel bzw. das Personalpronomen an.

Seite 23, Aufgabe 2
Kasus: die Mücke; der Mücke; der Mücke; die Mücke
Plural: die Mücken; der Mücken; den Mücken; die Mücken

Seite 23, Aufgabe 3
li: Dativ; Nominativ/Akkusativ; Genitiv; Nominativ/ Akkusativ
re: den Kindern; die Kinder; der Kinder; die Kinder

Seite 24, Aufgabe 4
Singular: der Hund; des Hundes; dem Hund; den Hund
Plural: die Hunde; der Hunde; den Hunden; die Hunde

Seite 24, Aufgabe 5
Singular: der Hirte; des Hirten; dem Hirten; den Hirten
Plural: die Hirten; der Hirten; den Hirten; die Hirten

Seite 24, Schülerzettel
Reis gibt es nur im Singular; *Reise* ist ein anderes Wort.

Seite 24, Aufgabe 6
Auch die Begriffe *Schnee, Zucker, Obst* kommen nur im Singular vor. Oft bezeichnen sie Dinge, die aus kleinen Bestandteilen zusammengesetzt sind.

Seite 24, Schülerzettel
Leute und *Eltern* kommen nur im Plural vor, da immer von mehreren Personen die Rede ist.

Seite 25, Aufgabe 7
Singular: die Wand; der Wand; der Wand; die Wand
Plural: die Wände; der Wände; den Wänden; die Wände

Seite 25, Aufgabe 8
Singular: das Huhn; des Huhns; dem Huhn; das Huhn
Plural: die Hühner; der Hühner; den Hühnern; die Hühner

Seite 25, Aufgabe 9
Ein Männlein; ein Mäntelein; das Männlein; dem purpurroten Mäntelein;
Da Männlein und Mäntelein zunächst unbekannt und noch nicht erwähnt worden sind, wird der unbestimmte Artikel benutzt. In der zweiten Liedtextzeile sind beide Begriffe bekannt. Es kann der bestimmte Artikel benutzt werden.

Seite 25, Aufgabe 10
des Kindes: Gen., Sg., Neutr.
den Schülern: Dat., Pl., Mask.
die Gespenster: Nom./Akk., Pl., Neutr.
das Glashaus: Nom./Akk., Sg., Neutr.
dem Hund: Dat., Sg., Mask.
die Ameise: Nom./Akk., Sg., Fem.
den Zwerg: Akk., Sg., Mask.
den Nummern: Dat., Pl., Fem.

Seite 26, Aufgabe 1
Zuerst wasche ich den Salat und lasse ihn **in** einem Sieb abtropfen. Dann gieße ich etwas Essig und Öl **in** eine Schüssel und vermenge beides. Dann streue ich Salz darüber und mahle etwas Pfeffer **aus** der Mühle **in** die Schüssel. Alle Zutaten werden vermischt. Dann gebe ich den Salat **in** die Schüssel und vermenge alles.

Seite 26, Aufgabe 2
Bevor ich **zum** Tisch gehe, überlege ich, welches Geschirr und wie viele Besteckteile ich benötige. Da wir heute zu viert sind, lege ich vier flache Teller, vier Gabeln, vier Messer, vier Dessertlöffel und vier Gläser **auf** den Tisch. Die Gläser hole ich **aus** dem Glasschrank im Wohnzimmer und stell sie rechts **neben** jeden Teller. Die Teller habe ich **aus** dem Küchenschrank genommen. **Aus** der Besteckschublade **im** Küchenschrank nehme ich die Gabeln, Messer und Dessertlöffel. Die Gabeln lege ich links **von** jedem Teller, die Messer rechts. Die Dessertlöffel **vom** Esser **aus hinter** den Teller. Dabei zeigt der Griff **nach** rechts. Jetzt kann gegessen werden.

Seite 26, Aufgabe 3
in eine; in die; aus der; in einem

Seite 27, Aufgabe 4
In die Schüssel gieße ich drei Esslöffel Öl und etwas Essig. **Dazu** gebe ich Salz. Pfeffer streue ich **aus** der Mühle und mische alles, damit die Soße sich vermengt. Die Salatblätter wasche ich in einem Sieb. **In** die Salatsoße gebe ich zwei Tomaten, die ich **auf** einem Brettchen geschnitten habe. Den Salat gebe ich **aus** dem Sieb hinzu und auch den Mais **in** die Schüssel hinein.

Seite 28, Aufgabe 1
lustig, lustiger, am lustigsten
lästig, lästiger, am lästigsten
prächtig, prächtiger, am prächtigsten
kräftig, kräftiger, am kräftigsten

Seite 28, Aufgabe 2
flinkes Wiesel; dummes Schaf; stolzer Pfau; frecher Spatz; schöner Schmetterling; weise Eule

Seite 28, Schülerzettel
Die Adjektive sind nicht steigerbar.

Seite 29, Aufgabe 1
Könntest du bitte nach vorn an die Tafel schauen?
Bitte bohre nicht in der Nase.
Nimm bitte die Füße vom Stuhl.

Hier wird nicht aus dem Fenster geguckt!
Bohr nicht in der Nase!
Nimm die Füße vom Stuhl, aber schnell!

Seite 30, Aufgabe 2
Auf dem ersten Schild wird den Schülern verboten, Handys zu benutzen.
Auf dem zweiten Schild wird das Kaugummikauen untersagt.

Seite 30, Aufgabe 4
Beispiel: Nimm die Füße vom Tisch! – Soll ich dir vielleicht noch ein Kissen bringen?
Beispiel: Wenn ihr nicht aufhört zu schwätzen, bekommt ihr eine Eintragung. – Darf ich mich an eurem Gespräch beteiligen?

Seite 30, Aufgabe 5
Imperativ: Entsorgt mal euren Müll! – Nimm den Kaugummi aus dem Mund! – Rede keinen Unsinn!
Aussagesatz: Ich wiederhole das jetzt nicht – Im Unterricht wird nicht getrunken. – Reden darfst du, aber nicht mit deiner Nachbarin.
Fragesatz: Wie oft habe ich das schon gesagt? – Hast du ein Sieb im Kopf? – Soll ich vielleicht auch mein Handy mitbringen?

Seite 31, Aufgabe 1
Wer?: Subjekt
Wo?: Adverbial des Ortes
Womit?: Adverbial des Mittels
Wem?: Dativobjekt
Wie?: Adverbial der Art
Wann?: Adverbial der Zeit
Wen?: Akkusativobjekt

Seite 31, Aufgabe 2
wessen?; Genitiv

Seite 31, Aufgabe 3
Schneewittchen / wohnt / jetzt / bei den sieben Zwergen.
Sie / hält / ihnen / das Haus / sauber / und / kocht / für sie.
Die Zwerge / kümmern sich / um Schneewittchen.
Sie / beschützen / das Mädchen / und / helfen / ihm.
Außerdem / sind / sie / stolz / auf ihre schöne Mitbewohnerin.

Seite 32, Aufgabe 4
Ich: Subjekt
euch: Dativobjekt
heute: Adverbial der Zeit
eine leckere Suppe: Akkusativobjekt

Seite 32, Aufgabe 5
Ein leckere Suppe koche ich heute.
Euch koche ich heute eine leckere Suppe.

Seite 32, Aufgabe 6
Sehr gerne: Adverbial der Art
ich: Subjekt
euch: Dativobjekt
die Wäsche: Akkusativobjekt

Seite 32, Aufgabe 7
Der Zwerg: Subjekt
mit den anderen Zwergen: Adverbial des Mittels
eine Party: Akkusativobjekt
für Schneewittchen: Dativobjekt

Seite 33, Aufgabe 8
Den Fall übernehme ich.
In Schneewittchens Nähe bleibe ich.
Einen guten Rat gebe ich euch.
Einem Dativzwerg gehorche ich doch nicht.
Der Boss bin ich.

Seite 33, Aufgabe 9
a) Akkusativobjektzwerg
b) Adverbial der Zeit-Zwerg
c) Akkusativobjektzwerg
d) Dativobjektzwerg
e) Neuer Subjektzwerg

Seite 34, Aufgabe 11
<u>dem Dativ</u>; <u>den Akkusativ</u>; <u>dem Dativ</u>; <u>den Akkusativ</u>; <u>dir</u>; <u>die Zwerge</u>
Die Zwerge meinen, dass der Dativ, den man mit *wem?* erfragt, auch den Artikel *dem* haben müsse, bzw. dass der Akkusativ, den man mit *wen?/was?* erfragt, den Artikel *den/das* haben müsse.

Seite 35, Aufgabe 12
sieben Berge; ein nettes Mädchen; sie; die Freunde; den Zwergen; der bösen Stiefmutter; dich; dir; dem Mädchen; dem hübschen Mädchen; vergifteten Kämmen; sie; hübschen Miedern; den Zwergen; Äpfel; den Prinzen; das schöne Mädchen; den Sarg; dem roten Mund; den Prinzen

Seite 36, Aufgabe 13
heute morgen; ganz früh; eilends; durch die Küche; im Wald; gestern; alleine; in den Wald; rasch; müde; in ihren Betten; schnell; unbemerkt; allein; in den Wald

Seite 36, Aufgabe 14
heut morgen: Adv. d. Zeit; **ganz früh:** Adv. d. Zeit; **eilends:** Adv. d. Art; **durch die Küche:** Adv. d. Ortes; **im Wald:** Adv. d. Ortes; **gestern:** Adv. d. Zeit;
alleine: Adv. d. Art; **in den Wald:** Adv. d. Ortes;
rasch: Adv. d. Art; **müde:** Adv. d. Art;
in ihren Betten: Adv. d. Ortes; **schnell:** Adv. d. Art; **unbemerkt:** Adv. d. Art; **in den Wald:** Adv. d. Ortes

Seite 37, Aufgabe 1
heute – du machst; im Moment – du weißt; damals – ich ging; vorgestern – sie schliefen; vor zwei Jahren – ihr suchtet; nun – er läuft

Seite 37, Aufgabe 2
Präsens: du malst, er/sie/es malt, wir malen, ihr malt, sie malen
Präteritum: ich malte, du maltest, er/sie/es malte, wir malten, ihr maltet, sie malten

Seite 37, Aufgabe 3
Im Präteritum wird einfach zwischen Wortstamm und Personalendungen ein t als Tempuszeichen eingefügt.

Seite 38, Aufgabe 4
Nein, diese Regel lässt sich nicht beim Verb nehmen aufrechterhalten, weil sich dort der Stammvokal ändert.

Präsens: ich nehme, du nimmst, er/sie/es nimmt, wir nehmen, ihr nehmt, sie nehmen
Präteritum: ich nahm, du nahmst, er/sie/es nahm, wir nahmen, ihr nahmt, sie nahmen

Seite 38, Aufgabe 5
Präsens: ich laufe, du läufst, er/sie/es läuft, wir laufen, ihr lauft, sie laufen
Präteritum: ich lief, du liefst, er/sie/es lief, wir liefen, ihr lieft, sie liefen

Laufen ist ein starkes Verb.

Seite 38, Aufgabe 6
Regelmäßige, schwache Verben: singen, glauben, lernen, sagen, ändern, meinen, füttern, spucken, hören, fühlen, fragen, sorgen
Unregelmäßige, starke Verben: fliegen, laufen, wissen, sitzen, schlafen, essen, gehen, verzeihen, zwingen, riechen, beginnen, verschwinden, fahren

Seite 39, Aufgabe 7
gewogen, wiegen, wiegt, hängen, gewogen, gehängt, hing, wiegte

wiegen, wiegte, gewiegt: in Bezug auf ein kleines Kind; Körperbewegung
wiegen, wog, gewogen: in Bezug auf das Gewicht
jemandem gewogen sein: es gut mit jemandem meinen
hängen, hängte, gehängt: wird mit Akkusativ benutzt
hängen, hing, gehangen: ohne Akkusativ

Die Verben sehen im Infinitiv gleich aus. Der Infinitiv allein sagt also noch nichts über die Bedeutung des Verbs aus. Erst wenn man die einzelnen Verben ins Präteritum setzt, wird deutlich, welche Bedeutung sie haben.

Seite 39, Aufgabe 8
gefunden; getäuscht; Prinz; Schneewittchen; hatte; war; -acht; -cht hatte; betrogen war

Konjugation mit haben: gefunden haben; getäuscht haben; gemacht haben
Konjugation mit sein: war ausgezogen

Seite 40, Aufgabe 1
Verben: hassen, fassen, küssen, essen, wissen, wässern ...
Nomen: Küsse, Fässer, Risse, Gossen ...
Adjektive: nasser, rissiger, lässiger, massiger ...

Seite 40, Aufgabe 2
Verben: fas-sen, las-sen, ras-seln, näs-sen, fes-seln ...
Nomen: Küs-se, Schlös-ser, Kas-sen, Tas-sen, Bis-se ...
Adjektive: nas-ser, blas-ser, bes-ser, ras-siger, ent-schlos-sener ...

Seite 41, Aufgabe 3
tt: Butter, flattern, rattern ...
ff: Puffer, muffig, pfiffig, kniffeln ...
mm: kämmen, Zimmer, Klammer, flimmern ...
nn: Kanne, sinnvoll, gewinnen, gerinnen ...
ll: vollständig, Fell, fällen, lallen ...
pp: plappern, Kappe, klapperig, Lappen ...
tt: knitterfrei, Kittel, kitten, schnattern ...

Seite 42, Aufgabe 4
Beispiele: Zusammen aßen wir schallend lachend Lollis.
Alle fällen krumme Baumstämme.
Susanne Semmel sammelt immer alle Blätter mit Löffeln auf.
Wir können uns auf Mallorca , immer wenn die Sonne scheint, sonnen.

Seite 42, Aufgabe 5
Willi mag: Tennis, die Sonne, Messer, Fett, Mittagessen, Wasserball, Schwimmen, Essig, Flüsse, Mappen, Schnuller, Teller ...
Willi mag nicht: Golf, den Mond, Gabeln, Schmalz, Abendbrot, Wassergymnastik, Tauchen, Öl, Ufer, Hefte, Fläschchen, Becher ...

Seite 43, Aufgabe 6
plappern, flippern, rappeln, zappeln, klappern, kippeln, kippen ...

Seite 43, 44, Aufgabe 7
tt li: kni, schni, schü ... **re:** ern, ig, eln
knittern, schnittig, schütteln, betten, bitter, bitten, retten
mm li: schi, bu, schu, ste, Se, Du ... **re:** ern, lig, eln, en, el, heit
schimmern, schimmlig, bummeln, schummeln, stemmen, Semmel, Dummheit ...
nn li: ke, Ka, Tre, Ke, So, so ... **re:** en, e, ung, er
kennen, Kanne, Trennung, Kennung, Kenner, Sonne, sonnen ...
ss li: wi, pra, Ka, wä, Rü, ri, bi ... **re:** en, eln, e, ern, el, ig
wissen, prasseln, Kasse, wässern, Rüssel, rissig, bissig ...
ll li: Ke, Po, fa, Bri, Pre, Ke, To ... **re:** er, en, e, ung, ner, heit
Keller, Pollen, fallen, Brille, Prellung, Kellner, Tollheit ...

Seite 45, Aufgabe 8
fackeln, wackeln, meckern, nicken, kleckern, recken ...

Seite 45, Aufgabe 9
Bockwurst: Wer sie isst, wird bockig.
Lockruf: Es handelt sich um Rufe, mit denen man irgendwohin gelockt werden soll.
Scheckheft: ein Heft, in das alles eingetragen wird, das man gescheckt hat.
Reckstange: eine Stange, an der man sich recken kann
Weckglas: Ein Glas, das einen morgens weckt, ist zum Beispiel ein Wecker.
Zweckmäßiges: Es ist für einen bestimmten Zweck nur mäßig geeignet.
Gehacktes: etwas, was man so lange hacken kann, bis es ganz klein ist
Lackfarbe: Farbe, mit der man Gegenstände lacken kann

Seite 45, Aufgabe 10
a) die Harke **b)** der Recke **c)** wir erschraken **d)** der Wecker **e)** die Schnaken **f)** der Schrecken **g)** wir meckern **h)** merklich

Seite 46, Aufgabe 1
Der Lindwurmtext ist dadurch ausgezeichnet, dass die Buchstaben alle aneinander kleben. Es werden keine Satzzeichen gesetzt, die einzelnen Wörter werden nicht durch Lücken voneinander getrennt. In einem solchen Satz finden sich auch keine großgeschriebenen Wörter, das spart zwar eine Menge Platz, erschwert jedoch das Lesen erheblich. Nicht jeder kommt mit einem solchen Text klar. Ihr aber werdet es schon fast geschafft haben wenn ihr an dieser Stelle angekommen seid. Doch es geht noch ein bisschen weiter weil wir auch eure Ausdauer auf die Probe stellen möchten.

Seite 47, Aufgabe 2
Die Köchin fischt einen Brat: Die Köchin brät einen Fisch.
Die Kinder karten ein Spiel: Die Kinder spielen Karten.
Auf dem Gerüst fensterscheibt er die Putzen: Auf dem Gerüst putzt er die Fensterscheiben.
Das Kino filmt einen neuen Zeiger: Das Kino zeigt einen neuen Film.
Er lässt das Springen durch den Reifen löwen: Er lässt die Löwen durch den Reifen springen.

Er erzählt einen Witz. – Er witzt eine Erzählung.
Er singt ein Lied. – Er liedet ein Sing.
Er gräbt einen Garten. – Er gartet einen Graben.
Er schreibt ein Buch. – Er bucht eine Schreibe.
Sie baut eine Burg. – Sie burgt einen Bau.
...

Seite 47, Aufgabe 3
der riesige Mensch: der menschliche Riese
die klapprige Laute: die laute Klapper
die wandernden Schüler: die schülernden Wanderer
die kochende Suppe: das suppige Kochen

der zwingende Grund – der gründliche Zwang
das geöffnete Fenster – die fensternde Öffnung
die knirschende Geige – das geigige Knirschen
der hölzerne Stuhl – das stuhlige Holz
die glänzenden Farben – das farbige Glänzen
...

Seite 48, Aufgabe 4
Adjektive:
herrlich: <u>Das Herrliche</u> an der Melodie ist der Klang.
fröhlich: <u>Die Fröhlichen</u> haben es leichter im Leben.
angenehm: Das Nützliche verbinde ich mit <u>dem Angenehmen</u>.
wesentlich: Du musst dich auf <u>das Wesentliche</u> konzentrieren.
eilig: <u>Das Eilige</u> kommt meistens nicht rechtzeitig.
grau: <u>Das Grau</u> in dem Bild ist sehr hell.
wenig: <u>Das Wenige</u>, was nicht im Buch unterstrichen ist, kann außer Acht gelassen werden.

Verben:
singen: Bei dem Krach auf der Baustelle kommen wir im Chor kaum noch <u>zum Singen</u>.
lesen: <u>Beim Lesen</u> ist mir ein Fehler aufgefallen.
zerschneiden: <u>Vom Zerschneiden</u> der Zeitungsartikel habe ich schon ganz wunde Finger bekommen.
bohren: <u>Vom Bohren</u> beim Zahnarzt bekomme ich immer Kopfschmerzen.
tippen: <u>Beim Tippen</u> höre ich gerne Musik.
korrigieren: <u>Beim Korrigieren</u> sind mir noch viele Fehler aufgefallen.
tropfen: <u>Vom Tropfen</u> des Wasserhahnes bekomme ich schlechte Laune.

Seite 49, Aufgabe 1
Küs-se, Kü-he, Kü-che, las-sen, la-ben, Las-ten

weitere Wörter: ru-hen, Len-ker, Vo-gel

Seite 49, Aufgabe 2
we-cken, wes-sen, Wel-len, Wes-ten ...
las-sen, la-chen, Lat-ten, Las-ten, la-cken ...
ha-cken, has-ten, har-ken, has-sen, hal-ten ...
le-cker, Len-ker, Le-ber, Le-ser, Le-der ...
re-cken, Re-gen, re-den, Ren-ten, rei-sen ...
fas-ten, fan-gen, Fa-den, fan-den, fah-ren ...
Ma-gen, ma-chen, Mas-ten, Ma-sern, Mas-ke ...
Bet-ten, Be-sen, be-ten, ber-gen, bes-ten ...

Seite 50, Aufgabe 3
Liebes-kummer; Haus-tür; Schreib-tisch; Hänge-matte; Klassen-zimmer; Pflege-eltern; Kinder-garten; Unter-tasse ...

Seite 50, Aufgabe 4
Frau-en, trau-en, schrei-en, scheu-ern

weitere Wörter: Trau-er, rau-er, Lei-er, Gei-er, Schrei-er, schnei-en, schau-en, freu-en, Reu-e, Säu-e, Bläu-e, eu-er ...

Seite 50, Aufgabe 5
tz: Rit-ze, Blit-ze, Tat-ze, Fet-zen, Hit-ze ...
sp: Knos-pe, ras-peln, räus-pern, Ves-per, knus-pern
st: has-ten, ras-ten, Fes-te, Lis-ten, lus-tig ...
ck: schme-cken, ba-cken, re-cken, He-cken, wi-ckeln ...

Seite 51, Aufgabe 1
sagen: sagenhaft, Sage, unsagbar ...
weiß: hellweiß, schneeweiß, weißhaarig, das Weiße, Weißwurst ...
fragen: Frage, fragwürdig, fraglos, befragen, Umfrage, Nachfrage, fraglich, gefragt, Abfrage ...
Grund: grundlos, hintergründig, gründlich, grundieren, begründen, Abgrund, Untergrund ...
Sinn: sinnvoll, nachsinnen, Unsinn, unsinnig, sinnlich, besinnen ...
schreiben: Schreibtisch, Anschreiben, beschreiben, verschreiben, Schreibunterlage, Schreibschrift ...
wachen: Polizeiwache, wach, bewachen, aufwachen, Wachdienst, Wachposten ...
Haus: Haustür, hausen, Häuserreihe, Wohnhaus, Hausmann, zu Hause, hausieren, häuslich, hausieren ...
lieb: lieblich, Liebe, liebevoll, lieben, Liebelei, verliebt ...
wohnen: Wohnhaus, Wohnung, wohnlich, gewohnt ...
leer: Leerung, leeren, Leergut, Leere, menschenleer ...
Wand: Gewand, verwandeln, Schrankwand ...
Holz: hölzern, Gehölz, Holzwurm, holzig, abholzen ...
groß: Größe, größtenteils, vergrößern, Körpergröße ...

Seite 52, 53, Aufgabe 2
-nkst:
lenken: du lenkst, Lenkung, abgelenkt, Lenker ...
zanken: du zankst, verzankt, zänkisch

weitere Verwandte: ranken: du rankst, rank, Rankpflanze
...
-ngst:
hängen: du hängst, Vorhang, Hang, Umhang, Anhänger, anhänglich ...
zwingen: du zwingst, Zwang, Zwinger, gezwungen, zwanghaft ...
ringen: du ringst, Ring, Ringer, umringt, beringt ...
singen: du singst, Singspiel, Gesang, vorsingen, Sänger ...
...
-t:
kalt: kälter, Kaltschale, erkälten, erkaltet, Kälte, eiskalt ...
hart: härter, Hartholz, gehärtet, verhärtet, beinhart, hartherzig ...
zart: zarter, zärtlich, Zartheit, Zärtlichkeit, zartbitter ...
rot: röter, Rotlicht, erröten, rötlich, rosenrot, Rotfuchs, infrarot ...
-d:
wund: wunder, Wunde, verwunden, Wundsalbe, Wundpflaster ...
fremd: fremder, Fremdfirma, Fremde, Fremder, befremden, befremdlich ...
wild: wilder, wildern, wild, Rotwild, verwildern ...
glänzend: glänzender, Glanz, Hochglanz, Glanzpapier, Abglanz ...
...

Seite 53, Aufgabe 3
Hengst, unlängst, fängst, schwingst, klingst, sprengst, drängst, erschwingst, erlangst, vermengst, bringst, wringst, schlingst ...

Seite 54, Aufgabe 1
hl: fehlen, zahlen, mahlen, wühlen, Kohle, Fohlen ...
hm: nehmen, zähmen, Rahmen, lähmen ...
hn: gähnen, wohnen, sehnen, Bohnen ...
hr: fahren, lehren, Bohrer, führen, rühren ...

Seite 55, Aufgabe 2
Riesen; Reisetaschen; begannen; fanden; Riesenreich; langweilig; die; Welt; wollten; übereilen; begannen; Liste; anzulegen; notieren; wollten; Liste; orthografischen; Kriterien; nahm; nur, Dinge; Namen; Doppelkonsonanten; enthielten; Riese; vorgenommen; Dinge; enthalten; Riesen; Aufstellen; Listen; Riesen; möglichst; viel; mitnehmen; trugen; Plural; Trennstrich; Silbentrennung

Seite 55, Aufgabe 3
Boh-rer, Zäh-ne, Fah-nen, Seh-nen, Fahr-zeu-ge, Fahr-rä-der, Boh-nen, Rah-men, Pfef-fer-müh-len, Hüh-ner, Büh-nen, Feh-ler, Leh-ne, Woh-nung, Sah-ne ...

Seite 55, Aufgabe 4
Moor, Teer, Meer, Moos, Tee, Aal, Kaffee, Fee, cool, Saal, Saat, Maat

Seite 56, Aufgabe 1
Giebel; Riesen; niemand; Sieb; Ziege; Lied; Diener; Frieden; Tiere

Seite 56, Aufgabe 2
Sabine; liegt; mit; Fieber; im; Ihre; sich; Sie; ihr; Fliederblütentee; Sabine; nicht; sie; ihr; Wadenwickel; Die; Kusine; Melanie; sie; ihre; Hausärztin; Cousin; Siegfried; hingegen; ist; Ansicht; sich; Grippe; Sabine; wieder; fit; Sabine; tief; sie; wenig; irritiert; Wind; ihre; ist; eigentlich; nicht; Wind; Ginsterbusches; Sie; sich; wieder; nicht; Schwimmen

Seite 57, 58, Aufgabe 1
Neue Verben: sitzt; tippt; überlegt; merkt; besprechen; erlernen
Neue Adjektive: sentimentaler; schmutzigen; hübsche; junge; frisch; gewaschenen; großes; überrascht; freundlich; zustellbar; einfach
Neue Nomen: Haus; Ausstellung; Ausstellungsstücke; Museum; Sammler; Exponate; Verfügung

Seite 58, Aufgabe 2
Am Anfang eines Buches erfährt der Leser wenig über die Figuren. Auch bleibt völlig unklar, wie die Handlung sich entwickeln könnte. Hat man aber erst einmal zwanzig Seiten gelesen, so wird klar, dass es sich um eine Kriminalgeschichte handelt. Liest man weitere zwanzig Seiten, hat man den Eindruck, es könnte auch noch ein Liebesroman werden, da die Detektivin einen Augenzeugen sehr interessant findet.

Seite 59, Aufgabe 3
Dass diese Schrift leicht zu lesen ist, sieht nicht jeder. Da wir in unserer Schrift weniger Vokale als Konsonanten haben, fällt die Entscheidung oft nicht schwer. Manchmal muss man aber doch länger überlegen, welchen Vokal man einsetzen soll. Habt ihr noch genug Geduld für unsere Geheimsprachen oder wollt ihr etwa schon aufgeben? Nicht schlapp machen! Vielleicht habt ihr Lust für eure Nachbarin oder euren Nachbarn auch einen Text ohne Vokale zu verfassen. Ein guter Detektiv kann solche Geheimschriften relativ schnell entschlüsseln.

Seite 60, Aufgabe 1
<u>ä:</u> lange betonte Silbe
| : Angabe der Silbentrennung
‿: Der Bogen zeigt, dass der vor ihm stehende Wortteil bei den folgenden Wörtern an Stelle der drei Punkte zu setzen ist (Märchen‿land, ...onkel).
...: Drei Punkte zeigen die Auslassung von Teilen eines Wortes an.
(die;-): Artikel; waagerechter Strich zeigt an, dass das Wort bei Beugung unverändert bleibt.
(das;-[e]s): Artikel; waagerechter Strich steht hier aus Platzgründen; eckige Klammer zeigt mögliche Auslassungen an; s gibt das Genitivattribut an.
ugs.: Abkürzung für umgangssprachlich

Seite 61, Aufgabe 4
Känguru

Seite 61, Aufgabe 5
Beide Schreibungen sind möglich; „Portmonee“ gilt als Eindeutschung von „Portemonnaie“.

Seite 61, Aufgabe 6
im Einzelnen

Seite 61, Aufgabe 9
kennen lernen